料理臺灣

蕭秀琴㊟著
林一先㊟繪

目次

無庸置疑是臺灣料理

這本書經過了三年多再版，相信「臺灣料理」已經深植於人們的腦海，「臺灣菜」以各種形式的推廣，在國際上成了熱門的選項，而人們對臺灣人的飲食文化與歷史演變，更有興趣知道為什麼，或許這就是能夠再版的原因。

值此之際，Covid-19大流行三年來，全球飲食風貌又變了個樣，至少在這個能夠抵擋一年多疫情蔓延才被肆虐的島嶼，飲食的方式已經大為不同了；就像五星級飯店推出便當，環境生態因為二〇二一年的一場乾旱與疫情打亂的全球貿易體系，更加重視飲食的合理性與在地化，臺灣人因應食物短缺，用餐形式改變，在料理上必須有所變化，都讓我們想回頭參考過去的作法再創新，一如百年來臺灣料理的演變一般。

臺灣是移民社會，擁有多元文化的國家。我認為飲食文化代表著地方特色，一個地區的歷史文化若不談飲食，將失去太多可以描繪的紋理與內涵。從地理上看，飲食文化中有種稱作「地方菜」的研究系譜，像是法國普羅旺斯的地方菜，義大利托斯卡尼或西西里的地方菜，在臺灣也可以大致分出客家菜、閩南菜或其他各種移民的菜餚。尤其在匯集了從各地方移入居民的都會地區，地方菜餐館更是體現出不同族群的細微差異。因此，臺灣料理又是包含哪些?可以怎麼敍事?

「臺灣料理」該如何描述、定位，以及說清楚講明白，必須用多線敍事才能包容她的多樣性，光是在這本書中沿用日本時代書寫「臺灣料理」而不是用「台灣料理」這個詞，就是想傳達「臺灣料理」是從日本殖民時期確定下來的名詞。現今，一般人習慣用「台灣」的寫法，但是在這一本書統一用「臺灣」。

住在臺北大稻埕時，天天經過的一些餐館、小吃攤，對這些習以為常的菜餚和飲食風景，並不覺得有什麼特別之處，直到二〇〇〇年左右，臺灣的地方文化特色逐漸被重視，也成了執政者關注的施政元素，我也開始飲食書寫，在編輯工作上開發「飲食文學」叢書，自己在部落格上寫食記與飲食文化觀察，直到二〇一六年的五二〇總統就職國宴被牽引出來，正式寫了〈從一九二三年的御宴到二〇一六年的國宴〉追尋臺灣料理的身世，並記下我的味蕾記憶。

料理一詞來自日文，發音りょうり（ryouri），有菜餚、菜色的意思。最早在臺灣使用這個詞，是一八九八年日本時代的大阪博覽會就有描繪臺灣料理的紀錄，所以是區分「日本料理」、「臺灣料理」、「中華料理」的專有名詞。身處臺北古早味之地的大稻埕，讓我從大稻埕的身世開始追查臺灣料理的流變，也讓我見識到並希望揭開從一九二〇年代啟始的臺灣飲食風貌。

飲食文化的豐富性也是窺看地域歷史轉變的重要窗口。本書的「臺灣料理」以國宴的脈絡來架構，亦即從日本時代大稻埕四大酒樓的宴席菜出發，就像「江東春蓬」的江山樓主人吳江山被問到為什麼要在大稻埕開餐廳，他的回答是，在城內有很好的西餐廳和日本料理屋，但是我們臺灣人沒有自己的臺灣料理餐廳，要去城內請客很不方便，太遠了。

我被這句話打動了，當時的臺灣閩南人大部分是福建、廣東移民，他們一到臺灣就自稱臺灣人，融入臺灣社會。我查了一下他說的城內好餐廳，大部分是指現在臺北火車站一帶的餐廳，像是一九〇八年落成的臺北鐵道飯店，我經常從臺北火車站走路回江山樓所在的甘州街、歸綏街附近的住家，從來不覺得遠，大稻埕的商人為了爭一口氣開一家臺灣料理，真是激勵人心。

從這段歷史也可以看出移民社會的寬廣與包容性，沒有寬大的胸懷無法建立料理的特色，臺灣料理一開始就融合了廣東、福建、北京菜的特質成為臺灣料理。一直到二戰末期臺灣也被捲入戰爭狀態，因為物資缺乏，餐廳主廚回頭尋找地方食材起始，宴席菜才開始融合臺灣本土食材與一般常民菜，再透過餐廳引領飲食風潮的功能，並帶回家庭廚房，建立日常飲食的風貌。

飲食最能透露出一地的風土人情、文化樣貌，是人類社群文明的指標。這本書會以資料、論述、田野來描摹臺灣料理，定義臺灣料理。我認為要定義料理必須要從：一、資料的蒐集、保存，被引用的廣泛程度；二、論述、報導，出版的多寡；三、田野紀錄豐富性，這三方面來看。

毋庸置疑，飲食是身分的象徵也是文化表述，大稻埕以商賈雲集興起，料理從酒樓餐廳的宴席菜出發，奠定臺灣料理的地位。從餐廳的經營來看，大稻埕的酒樓與餐廳都兼顧著文化傳承與創新，推動臺灣社會文化進程，最知名的是醫師政治家蔣渭水先生，他的春風得意樓賣的紅露酒，近年再度復興成為臺灣酒的品牌。江山樓一開始就是文人雅士聚集的地方，總經理辦文學雜誌不遺餘力，是臺灣詩人的重鎮。後代有詩人吳瀛濤，是以臺灣地理歷史文化為創作核心的重要作家。

江山樓在一九二三年日本裕仁皇太子行啟臺灣的御宴上，確定了臺灣料理的形制，十三道菜的完席料理與傳統法式料理的十三道菜也不遑多讓，只是過去臺灣料理宴席最大的特點在於桌菜，一桌人共吃一份菜，西洋料理與日本料理是一人一份循序端上桌。現今，臺灣的飯店宴席也有朝著一人一份端上桌的模式發展。

所謂的中菜西吃，最大的缺漏或許就是少了「鑊氣」，因為經過分盤才上桌，食物逐漸冷卻，少了剛從炒鍋裝一大盤，在爐子上盛一大盅直接端上桌那種「鑊氣十足」的氣味與豪邁，這也是臺灣料理擺盤不夠精緻美觀的原因，但這就是臺灣料理的樣貌，給人的第一印象。這也是我幾經思考這本書的編輯要以繪圖來呈現的原因。

這本書取材自日本時代的《臺灣日日新報》、《臺灣料理之栞》，以及「臺灣日記知識庫」裡林獻堂、吳新榮、黃旺成先生等日本時代文化人的日記和出版品，也參考當今中研院學者曾品滄、陳玉箴的研究報告，採訪餐廳主廚、經營者，網路食記、食譜，當代出版品的飲宴記述。

從論述與描述，以及一九五〇年代之後的總統國宴來看飲食風潮的演變，也是這一本書寫作的時間序與架構。臺灣料理真是繽紛多彩的饗宴，國宴從遙不可及又陌生的中國揚州、上海菜，到逐漸親民又回溯古早味，以至於和常民的家常菜結合，不但可以描繪臺灣政治從威權時代到逐漸開放的民主潮流，選舉制度讓執政者必須走向田野，反映社會實際樣貌，呈現本土化的成果。

臺灣料理雖然取材自閩菜與粵菜，延續鄭成功與清領時期的基礎，但就如江山樓的創辦人，臺灣料理的奠基者吳江山所說：「我們臺灣料理充分發揮了臺灣料理的特色，與支那料理有明顯的差異。也有人將之比喻成，名廚作法的變化，就像為政者施政的變化。」這一段話充分表達了風土所孕育的食材，就是每個地方的特色，而廚師是創作者，大廚的手法就是一種藝術。

從風土與食材來看，臺灣料理還是可以看出幾樣核心食材創作出來常備菜餚，豬油、豬肉、雞肉、魚、米、蛋，以及漬物、高湯、油蔥，是典型的味道，變化出來的滷肉飯、麻油雞、菜脯蛋、梅干扣肉、白菜滷、竹筍（魚丸）湯最能夠代表臺灣味。當然，以高湯熬製而成的高級宴席菜中，像「翅參鮑肚」雖然還是在用，但轉化成比較一般的人蔘香菇雞湯、豬肚四神湯，也很能顯出臺灣料理的精髓。這個觀點的論述呈現在最後一章。

特別要說明的是「古早味」和「工商美食」這兩個概念。古早味是有趣的說法，我想真實的意涵應該是「傳統菜餚」（traditional food）。但是在環境變遷快速的移民社會，維持傳統何其困難，不說食材經過品種改良，原生食材不可多得，在料理工具、手法與可運用的食材增加上，就不可同日而語。

「工商美食」興起就是很好的例子。臺灣在六、七〇年代步入工商社會，外食人口逐漸增加，至今，大部分的家庭幾乎以外食為主。食品工業推陳出新的料理食材、製作方式逐漸成為臺灣人的集體記憶，像是料理包、調味料、罐頭，製作食物的方式。大眾口味是餐飲業製作食物、食品的指標，因此，也形成一種獨特的臺灣味。

島嶼環海，地處副熱帶，物資富足，雖然風土條件有大宗適合的物資，但一向交通網絡發達，外來物品不虞匱乏，在創新料理上總是能跟上時代潮流，飲食觀念往往能掌握潮流又能隨自己的創意變化。一百年來最顯著的變化應該是小麥與黃豆的使用，麵食已經超過米食成為主食，開麵包店是新一代年輕人創業的首選，至於黃豆製食品，沙拉油、豆漿、豆腐、豆乾幾乎三餐都在使用，因此，臺灣是全世界素食最方便的地方，素食餐廳、自助餐隨處可見，精緻又豐富。

由基本食材形塑出來的臺灣味，與傳統高級食材製作的臺灣料理，從形象分明到逐漸融合，臺灣料理與臺灣味，從詩作、文學描述，到戲劇呈現、食譜出版，以至於學術研究的蒐羅，資料龐大深邃，沉入其中，樂趣無窮。

第一章

詩人，映照臺灣料理的現代性

詩人，映照臺灣料理的現代性

歸綏街上意麵王隔兩三間曾經有家租書店，我很少去那裡租書，因為比起延平北路上一間現代化管理的漫畫王租書店，它的書比較舊、比較髒，但有時會有一般租書店沒有的書，要結束營業時，我曾經去買過幾本小說。

想起這件事是因為看到張愛敏的論文〈跨越語言一代詩人的侷限與開展——以吳瀛濤為討論對象〉的資料顯示，臺灣料理的奠定基地大稻埕江山樓，在第一代主人吳江山的後人於一九四八年售予他人之後，孫子吳瀛濤開了一間菸酒零售店，此年，臺灣開始戒嚴。隔年江山樓結束營業，吳家開了一間雜貨店和租書店。

很難想像臺灣料理第一樓江山樓的後人在家業結束後會開雜貨店，但是詩人吳瀛濤開租書店也許有可能，畢竟是跟文字有關的行業；江山樓後來租給印刷廠當印刷工人的宿舍，就一點都不意外了。

我在大稻埕生活將近三十年的時間，在江山樓舊址，由重慶北路、保安街、甘州街以及歸綏街圍起來的那一塊區域，如今是歸綏公園、土地公廟正對面，也是我每天要經過的地方。我去保安街甘州街口的西藥房買生理食鹽水洗隱形眼鏡，在歸綏街上那家有名的豬腳麵線吃滷肉飯，重慶北路上的燈具店是我習慣等計程車的地方，隔幾間的港式烤鴨店倒是不常去，因為看起來髒髒的、地板會黏鞋子，和全世界的港式燒臘店的印象一致。

順著甘州街往涼州街的方向走到已經辦過百年校慶的太平國小，會經過夏天賣米苔目冰冬天賣丸子湯、米糕聞名的呷兩嘴，隔壁是大稻埕茶商陳天來家族的天主堂，再過去就是媽祖廟慈聖宮後圍牆，也就是呷兩嘴原來擺攤的牆角。慈聖宮的正門口稻埕就是遠近知名的小吃攤了，榕樹下的海產店、鯊魚煙、滷豬腳、肉包、賣稀飯的那一攤有炸豬肝、炸花枝、炸紅糟肉，經常臨近中午就賣完，各種小吃從炒飯到四神湯，你可以想像的所有臺灣傳統小吃，甚至魚翅盅、佛跳牆都可以預訂，除

了臭豆腐、餛飩湯這類外省小吃之外，全部都有。

大稻埕的大街小巷包括迪化街，一直以來都可看見隨處散落的臺灣小吃店，只有一兩家日式料理。民生西路上的波麗路，知名的咖哩屋、炭烤牛排等有歷史性的餐廳，直到二〇一〇年如火如荼的老屋更新之後，才有流行時尚的餐廳開起來，但還是以法式料理、地中海料理為主。能夠跟上時代腳步的飲食風潮餐廳，都會開在有十幾家百貨公司聚集的信義計畫區，大稻埕的風華歲月似乎已經遠颺，但要講「臺灣料理」卻不能不回頭到臺灣一九二〇、三〇年代的場所去找；而現在的大稻埕的餐飲風貌卻是到處存在蛛絲馬跡，到處不存在的餐廳。

想要體現飲食上的風土人情與歷史關係，讀一讀吳瀛濤的〈風土與歷史〉這首詩：

風土之中
存有歷史

歷史使風土變貌
風土也是歷史的溫床

風土是歷史的母胎
歷史象徵風土

風土成為歷史
歷史成為風土

於新的風土之中
存有新的歷史的願望

於風土與歷史之中

存有神
神形成歷史
神形成風土

他一生寫詩六百餘首，這首詩是他生命末期（一九七一年過世）的代表作，展現了臺灣現代詩的創造性。以兩行為一個單位組成，並以互相對話的位置存在，每一個位置都刻意安排、相互牽連，形成有機的內在。用分析這首詩的字句，拿來分析一九二〇年代展開的臺灣料理，似乎也說得通，沒有違和感。

他是誰？吳瀛濤。吳瀛濤是誰？江山樓的第三代，出生於一九一六年，一九三四年自臺北商業學校畢業後，沒有出去找工作，就在自家經營的江山樓幫忙。日本時代一九二一年大稻埕江山樓開業，奠定臺灣料理的基礎。當時江山樓的總經理是郭秋生。郭秋生是誰？一九三三年成

江山樓
KANG SAN LAU

立的臺灣文藝協會的主要人物，而「江山樓」是臺灣文藝協會的大本營。

一九二三年，日本裕仁皇太子行啟臺灣，才七歲的吳瀛濤或許已經有一點印象了，畢竟在江山樓長大，那件事情轟動臺灣大街小巷，住在臺北城裡氣氛應該更熱絡。甚至，他有可能是去迎接皇太子的三千位小學生之一，而他的祖父吳江山先齋戒沐浴再坐著黑頭車進入總督府官邸指揮大廚吳添祐，從廣東請來的助手洪連魚。準備御宴這麼大的事發生在他每天生活的場所，就算是幼小的心靈還懵然不知，也有個家裡有大事發生的印象吧。

那一年總督府官邸設宴，宴席由東薈芳及江山樓合辦。當時《臺灣日日新報》以〈御宴與臺灣料理江山樓之光榮〉大幅報導，並把當日菜單十三道料理刊載報上：有皇太子殿下每道菜皆有食用，特別喜歡八寶飯，宴後皇太子傳旨褒嘉的描述。此後日本皇室來臺，所有的臺灣料理會席都由江山樓包辦。一九二五年江山樓再度承辦秩父宮雍仁親王來臺料理，以及一九二六年北白川宮能久妃富子、一九二七年朝香宮鳩彥王、一九二八年久彌宮朝融王都由江山樓外燴臺灣料理，而此時裕仁皇太子已然登基，成了昭和天皇（一九二六年）。江山樓幾乎每年都承辦日本皇室成員來臺的宴席，臺灣料理的地位也由此確定。

臺灣文藝協會在江山樓集會頻繁，吳瀛濤雖年僅十九、二十歲，但在學期間便曾嘗試寫詩且好雅文學，穿梭期間，或多或少為當時文藝氣息所沾染。一九三六年，吳瀛濤等人便發起設立「臺灣文藝聯盟臺北支部」。一九三九年（也就是他結婚的隔年）生下長男卻隨即不幸於同年夭亡；他自此開始大量作詩，往後積極從事創作，舉凡詩、散文、小說、臺灣俗俚、諺語等，都有所嘗試。散文在《文藝臺灣》發表，最多的是《臺灣藝術》，一九四二年便以〈藝妲〉獲選《臺灣藝術》小說懸賞。

〈藝妲〉描寫大學畢業的男子春生與藝妲鶯花來往的故事。生於江山樓的吳瀛濤，以最熟悉的題材創作，獲得該獎項對他而言是一次成功的出發。

根據吳瀛濤的回憶，江山樓於一九一七年開業（實際上是一九二一年）後，一直經營到一九四九年。除了他自己曾經在黃武忠編的《美人心事》（號角出版社，一九八七年八月）寫過一篇〈江山樓、臺灣菜、藝旦〉之外，臺視於二〇〇一年曾經播出一齣連續劇《江山樓——大室藝旦》，由張秀玲原著編劇，經鄧榕茜改編成小說，原著劇本有三十集六十萬字，鄧榕茜精簡成十五萬字的小說。

「喲……上菜囉！」總鋪師鏗鏘有力的聲音自門口響起，一排使用人捧著一盤又一盤的料理一一送上桌來，次郎領著總鋪師來到陳桑的身邊。「陳桑，我請咱江山樓的總鋪師向你報告今天的菜單。」陳桑點頭向著陽明說：「陽明先生，江山樓的菜色和花月樓的豔紅是咱大稻程兩大特色風景，你要好好的訪問報導喔！」「啊？當然當然，尤其今晚在這兒的風景是如此風情萬千！」陽明一語雙關的答道。總鋪師畢恭畢敬的上前，拿起菜單大聲的念著：「腿庫魚翅、雪白官燕、姑蘇鴨、金

> 錢蝦、火腿包、椰子餅、雞腳凍、八寶蟳、脆皮雞……」
>
> 眾人坐定，次郎立刻吩咐上菜，恭卑的親自倒茶並說：「陳桑、林少爺，為了請你們來喫茶，廚房中午特別加班，這雞蛋糕、韭菜盒、咖哩酥都是我們江山樓最出名的點心，你們慢用。」
>
> ——《江山樓——大室藝旦》

這段描述女主角藝旦艷紅與日本記者山本進一（筆名陽明）在江山樓初次會面的場景。日人山本進一以《臺灣日日新報》的記者身分，收集臺灣風俗民情寫專欄，這一段江山樓的菜單的確是參考《臺灣日日新報》一九二七年吳江山的〈臺灣料理の話〉專欄而來。女主角艷紅的角色，不妨想像成連橫的女弟子、謝介石的妻子王香嬋，生於一八八六年，臺北艋舺人，被譽為臺灣三大美人之一，在大稻埕永樂座以藝名唱京戲，連橫每次來臺北都要去捧場。

其中提到「腿庫魚翅」、「雪白官燕」、「八寶蟳」是珍稀且昂貴的料理，除了食材所費不貲、不易取得之外，更是真正體現「臺灣料理」精髓的大菜。

腿庫就是蹄膀，豬大腿下方一小段到膝蓋間的部位，閩南語發音是「豬腳庫」，日文稱作「知高」。「腿庫飯」、「知高飯」至今都是臺灣小吃店招牌飯，用腿庫煨魚翅並不是一般家庭可以經常吃得到的料理。這道料理是皇太子、親王、日本皇室成員來臺時，必定會準備的高級菜色。

為什麼稱知高飯，臺中烏日原有一處地名稱知高，知高圳引筏子溪溪水，原來的舊地名稱「豬哥庄仔」，在今文山里忠勇路寶山社區一帶。相傳清朝雍正年間（一六七八～一七三五），漢人入墾時有人以牽豬哥（當種豬的公豬）為業者住在這裡。世居於此的廖登臣先生表示，「知高」的地名由來，因日本時代日本政府見此地為居半山腰與日本的知高頗為相似，因而為名。

再看江山樓幾道著名的小點，其中「咖哩酥」一直到現在都是臺式料理店、臺式月餅的常備名點。最有名的當推一八八二年成立的基隆李鵠餅店的咖哩酥。李鵠第一代在清領時期以「綠豆椪」為主，到第二代已經是日本時代，或許是日本人喜愛咖哩，李鵠的咖哩酥是咖哩炒豬肉末，至今仍是臺灣人送禮的主要選擇之一。

吳瀛濤身處江山樓，自身是名流仕紳，可以近身觀察藝旦、市井鄰里，更重要的是親近歷史文學現場，有深刻的文學啟蒙。在一個不斷被形塑的現代化城市且庶民文化活絡的所在，新舊交融養成的文學氣質，使吳瀛濤成為一個既與世界潮流接軌，也能融入庶民文化，具備宏觀、理性，與客觀特質的新時代知識份子；擁有這樣特質的詩人，創作絕不會囿於固有的形式。

現代性的特質之一是一面尋找新創，一面在固有的傳統、歷史文化中挖掘可用的資產，吳江山真可謂這方面的高手。他於一九二七年寫過最著名的專欄《臺灣日日新報》的〈臺灣料理の話〉，以日文發表的二十三篇關於臺灣料理專欄，也順便闡述「支那料理」與「臺灣料理」的相異性；「我們臺灣料理充分發揮了臺灣料理的特色，與支那料理有明顯的差異。也有人將之比喻成，名廚作法的變化，就像為政者施政的變化。」接著吳江山就以江山樓自成體系的宴席文化為核心，說明臺灣料理的獨特性。

對於江山樓經營用心，奠定江山樓臺灣料理地位的吳江山素患心臟病，一九三四年十二月十九日，因腦溢血猝逝，享壽六十。他約四十六歲時開辦江山樓，盡心奉獻至終。瀛社成員林石在《臺灣日日新報》上發表〈悼吳江山君〉一文，除讚揚吳江山為人有俠士之風、慷慨、熱心，是不可多得的人才外，特別提出吳江山一生對臺灣料理，鞠躬盡瘁的奉獻精神。根據《臺灣人士鑑》記載的江山樓樓主吳江山，興趣是味覺研究和盆栽、音樂欣賞，在稻江經營旗亭多年，吳江山除了經營外，對料理也很有研究。從追悼他的文章裡可以發現吳江山除了銳意經營一間宏偉，擁有俱樂部高級享受的大酒樓之外，對於飲食料理研究盡心盡力，更希望江山樓的料理「此後誠能與和、洋料理界永遠抗衡」，有與日本、西洋料理，一別苗頭的意味。

臺灣料理的出現

在《臺灣日日新報》中，「臺灣料理」一詞最早出現於一八九八年（明治三十一）一月十八日臺南辨務署新年宴會的報導，且說明因為宴會除了署裡的日本人之外，也宴請臺南仕紳，因為臺灣人比較多，所以準備「臺灣料理」作為招待。同年，在嘉義舉辦的官方園遊會，也有「臺灣料理店」的攤位。

對日本人來說，臺灣料理是地方風味菜，而且是宴席菜，在領臺第三年就出現在正式的餐會場合。一九〇三年在大阪舉行的第五次本國勸業博覽會，在會場中的臺灣區設了一攤「臺灣料理店」，確認了臺灣料理是值得在博覽會中展示的地方文化。此次的臺灣料理由石本喜兵衛負責，店中從室內裝潢到器皿餐具都是模仿臺灣酒樓的樣子，廚師也雇用臺灣人，並由臺灣的女性擔任服務員，盡量呈現臺灣風貌。從三月五日開店至六月底，消費民眾將近三萬八千多人，營業額也達到九千八百三十七圓，每人平均消費額為兩錢上下。

「臺灣料理」一詞借日文「料理」，是日本時代臺灣上層社會在酒樓或宴席中酬酢飲宴的菜餚，對日本人來說，是與「日本料理」有明顯差異的地方菜餚。這些菜餚或被稱為臺灣料理、支那料理、本島料理，但非「臺灣菜」。「料理」與「菜」相較，指涉一種較精緻的、高級的菜餚，甚至現代所謂的「精緻餐飲」、「高檔美食」（fine dining）——利用高檔食材做的料理，而「菜」則多指一般家常菜。

除了菜色創新，在飲宴的細節上江山樓也設置一套形式。吳瀛濤在〈江山樓、臺灣菜、藝妲〉寫到，江山樓總工程費約當時二十餘萬日圓，一八〇坪，一樓為辦公廳、廚房，二、三樓各有七間精緻宴會廳，四樓有特別接待室、洋式洗澡房、理髮室、屋頂庭園、大理圓石桌。各樓樓梯裝嵌美術玻璃鏡，宴會廳以木屏隔開，各間懸掛文人名流筆墨十到二十幅。而江山樓最盛時是日本始政四十周年博覽會時，每日幾乎達到一百二十桌，「臺灣料理」聲譽隨之提高。

他也寫到皇太子御宴的餐具規格：「當日宴會的席位共有一百二十位，食器都是用銀器，其中六十副由江山樓自備，另六十副由總督府購備。」可見得當時江山樓要建立一套臺灣宴席文化的苦心。

江山樓最顯眼的裝飾作品為動物學家鷹司公爵墨繪「龍蝦圖」。鷹司公爵為貴族院議員，專長鳥類研究，當時他在東京帝大開動物學講座。一九三三年十二月，鷹司公爵來臺視察兩週左右，隨行的有博物學家鹿野忠雄。除演講外，順便蒐集鳥類資料，十四日總督府在江山樓招宴鷹司公爵。

其他還有鄒魯的「觀劍引杯長」橫額，江亢虎、郁達夫及其他多數名流或留墨跡或即興誦吟；日人方面有國畫家小室翠雲的畫，詩人北原白秋的即席吟唱，二荒伯爵的「江山清趣」、火田俊六中將的「江山萬里風」，國際明星早川雪洲、曾任日本外相藤山的父親藤山雷太的字句等。更別說歷代總督、軍令司官、日本內閣官員將領都曾登樓題字。

吳瀛濤不時在作品中描繪江山樓，也經常透露當時臺灣有識之士想

要建立自己的文化特質的積極性。席間隨處可見文人墨客，連雅堂便曾在此留下『如此江山亦足雄』的〈江山樓題壁〉，足見吳江山對於文藝的愛好與推動熱忱。新舊文學的文人皆駐足江山樓，展現文藝風華，吳瀛濤生長於此，無論新舊文學，受到的文藝薰陶，一身滿溢光華燦爛。

一九三六年，他二十歲，趕上臺灣文藝聯盟成立，加入該聯盟是踏入文壇的開端。一九六四年促成笠詩社的成立，更可視為吳瀛濤文學生命一個重要的里程碑，一九六〇年代，吳濁流創立《臺灣文藝》時，吳瀛濤與其友人因有感於臺灣本地沒有專門的詩刊，發起並設立笠詩社，對於引介詩論與推動臺灣現代詩的進展具有舉足輕重的地位，臺灣本土詩人一直要等到一九六〇年代的「笠」創刊，才有共同耕耘的園地。在一九五〇年代他們通常個別創作，各自努力。陳芳明的《臺灣新文學史》中指出，「《笠》集團的第一世代創建者，都受到現代主義的洗禮。發起人之一的吳瀛濤（一九一六～一九七一）便是典範之一。」

邁向現代化城市的餐飲選擇

日人來臺聚會、商會聚會、歡迎、送別會，臺灣料理多以江山樓為首選，日本料理則多梅屋敷或西餐的鐵道旅館。

吳江山在報端的餐廳開幕廣告上表示，開設江山樓是因為「內臺人知友間，多慫恿大張旗鼓。而既無一公會堂、俱樂部，且乏一大酒菜館足與梅屋敷、鐵道旅邸，鼎足相匹敵者⋯⋯」梅屋敷、鐵道旅館是當時日人經營的豪華旅館，分別供應日式、西洋料理。

江山樓的名廚雖然都來自廣東，但是對傳統的閩南菜色也有一番功夫。習於閩南菜系的臺南人《臺灣通史》的作者連雅堂最中意江山樓的閩菜，吳江山附庸風雅對連雅堂心儀私淑，所以每回連雅堂與朋友到江山樓，吳江山都親自下廚。非但如此，逢年過節甚至平常時候都會請人送一盅「佛跳牆」或家常芋頭糕聊表心意，夏季時就送一大桶當時流行的冰淇淋消暑。

一九二二年臺灣第一位醫學博士杜聰明的婚宴選在江山樓舉行，在杜聰明的《回憶錄》中說明，他們選在江山樓宴客，名紳齊集，「數百人呈全樓客滿的狀況。」杜聰明長女杜淑純的口述回憶錄進一步指出，當天「席開三十餘桌，有三百多人出席。」江山樓婚宴的菜餚，有百歲團燕（湯圓燕窩）、金錢鶥鴣（蝦）、雞茸魚翅（鯊魚翅）、脆皮燒雞（烤雞）、如意片尹（筍湯）、半席炸春捲、清炖水魚（鱉）、八寶煎蟳、竹笙雞片、鳳尾仙蝦（天婦羅）、完席炒卵飯（蛋炒飯）。

根據一九二八年臺北市役所出版的《臺北市案內》即指出，臺灣人自有一套宴席習慣，分隔上下席的「半席料理」，必定是點心。主人必須用熱水一一沖洗客人湯匙，再放到桌上勸進點心。吃完半席的點心，再請客人到一旁椅子上稍事休息，或去別處小憩、喫菸或吸食鴉片，有時會有藝旦演奏小曲。短暫休息後，服務人員拿臉盆裝熱水，浸熱毛巾給客人擦手擦臉，最後再請客人回座繼續下半席。

「半席料理」指的是宴席十三道料理中的第七道料理，通常選擇蓮花餃、龍角餃、燒賣、水餃或炸春捲。其中蓮花餃和水餃所用材料相同，名稱不同是因為尺寸、形狀，以及料理方式稍有不同。文中所述蓮花餃就是蒸餃，將肉類、蔬菜與醬料混合包進麵皮裡，捏成形後放進蒸籠。水餃的餡與蒸餃相同，以麵皮包覆，捏成形後以水煮沸數次。春捲用豬油加以油炸，是冬季適合食用的料理。

雖然江山樓主人吳江山提及：「簡單的一片豬肉、一顆雞蛋、一把蔬菜、一點豬油也是可以調理出美味的料理。簡單經濟又衛生是臺灣料理的特色。」但是江山樓的料理，可不是一般家庭可以負擔。

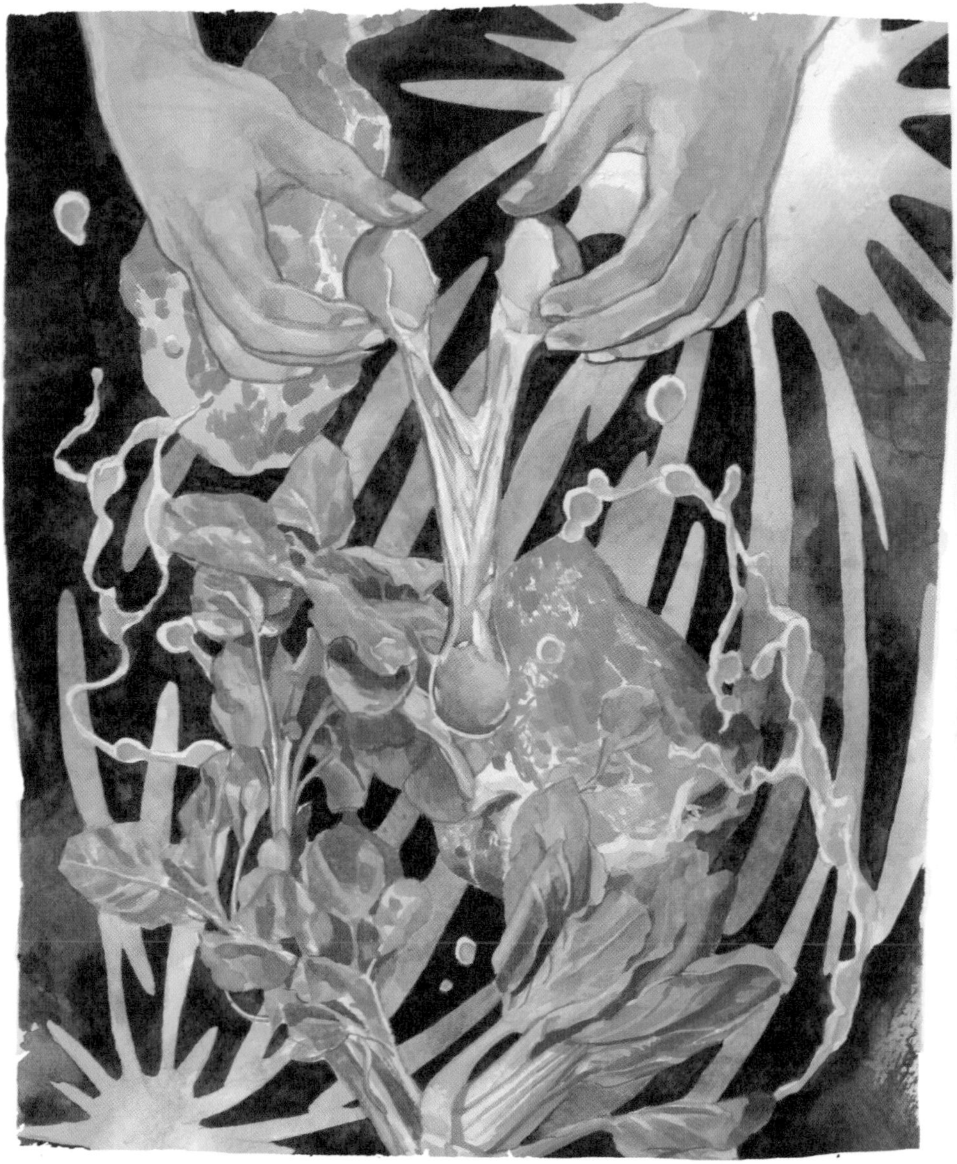

高級餐廳承擔的文化責任

江山樓除承辦宴會，也代辦「臺灣料理講習會」，經常派人赴高等女校教學生臺灣料理。根據大稻程人洪陳勤女士的口述歷史回憶，她念過現在的中山女高，當時稱第三女高，級任老師是二二八受難者吳鴻麒的遺孀楊毛治，在畢業前會帶全班去鐵道飯店學習西餐禮儀，臺式料理就是請江山樓的人來傳授技藝。除此之外，江山樓會定期舉辦婦人團體的料理活動，由江山樓老闆或廚師實地口授擔任講師。此時，江山樓不只是大稻埕的代表餐廳，實際上是臺灣料理的重要代表。

協助吳江山經營江山樓的同鄉吳添祐，除協助餐廳業務，對酒菜的貢獻最多，一九二三年御宴料理就是以他為主廚，總攬烹調。當時臺灣總督田健治郎很賞識吳添祐所做的臺灣菜，賦歸時聘他赴日，擔任他東京寓所主廚兩個月，每星期為田氏設宴，週日則教日人顯貴名流婦女三十人烹飪。

江山樓的「臺灣料理」名氣與地位遠勝其他酒樓，是由江山樓的奠基者吳江山與吳添祐兩人，以及吳江山的繼承人吳溪水，鼎力達成。

一九四〇年，吳溪水在《臺灣日日新報》發表對料理的看法：「料理跟演戲一樣。就像演戲，料理裡面也有分主角配角臨時演員。這樣才能夠變成一桌菜，必須要投入心力，食材如何才適當，在餐桌上怎麼樣才能最好是需要苦心經營。」以及「料理要去了解食材的特性，適當加以料理，這樣呈現在餐桌上的時候，才會有最好的效果。材料的品質如果不好，再怎麼料理都無法帶出美味。對料理人來說，最重要的不是技法，而是對食材的了解。」

江山樓能成為臺灣料理的奠基者，不能忽略文人經理郭秋生（在一九二三～一九三八任職江山樓總經理），他在二十歲（一九二三年）時到江山樓工作，正是皇太子來臺灣的那一年。因為郭秋生逐漸在文壇上嶄露頭角，同時又擔任江山樓總管的雙重身分，自然更引人注意。一九三一年某夜，黃春成經江山樓業務郭慶鐘介紹與久聞其名的江山樓大掌櫃郭秋生見面，談話中郭秋生除了提到必須提倡「臺灣話文」的理由外，又認為文藝發表空間偏狹不足，這點頗引起黃春成的共鳴，會談之後，催生《南音》這份刊物的發行。

一九三三年郭秋生與廖漢臣、黃得時、朱點人、王詩琅、陳君玉籌組「臺灣文藝協會」，並多次在江山樓進行事前磋商。其間雖因消息外傳，而招來日本當局的「關心」，高等刑事前來向郭秋生刺探打聽，但「臺灣文藝協會」仍於一九三三年十月於江山樓正式發表成立。章程明訂「以有關心於臺灣文藝並能夠為臺灣文藝進展上努力的有志而組織，以自由主義為會的存在精神，謀臺灣文藝的健全的發達」為目的，推郭秋生為幹事長。因為這個緣故，不少支持本土文化運動人士也開始在江山樓暢談理想。

自此開始，大稻埕酒樓成為臺灣文藝的聖地，「江東春蓬」與其後的山水亭、波麗露，直到一九五〇年代，還是扮演著臺灣文化開創與保存者的角色，甚至庇護著臺灣文化人。

「臺灣文藝協會」成立後，每月有一次的會員例會，計畫、檢討會員們應做的工作或研究文學議題。藉郭秋生任職江山樓之便，會議場所便由他提供，利用白天空閒時在餐廳舉行。身為經理的他還不時自掏腰包，請與會的會員享用江山樓的如意麵。而郭秋生利用在江山樓大掌櫃，人面廣的政商關係，負責籌措經費，除了利用人面向廠商招募廣告外，不足的經費多由郭秋生想辦法。

江山樓在一九四九年歇業，吳瀛濤在江山樓真正工作的時間大約四年，但其自小就出生在「臺灣首善之區」大稻埕，大稻埕最有名的酒樓江山樓，所見所聞，所受的經濟、文化衝擊與刺激，自然與常人不同。通曉中、日語的經歷，使吳瀛濤在戰後「語言」的跨越上，較其他跨語世代作家來得順利。除了詩、文學的領域，吳瀛濤在民俗研究方面也有卓越的貢獻。一九五八年時，曾在新生報連載《臺灣民俗薈談》，也在《笠》詩刊十七、十八期發表〈民謠詩話〉，一九六九年曾出版《臺灣民俗》及一九七三年出版《臺灣諺語》，由於吳瀛濤關注於民俗方面的研究，因此特別對於臺灣早期的風俗習慣有所記錄。吳瀛濤作為跨越語言世代的詩人，亦有「冥想詩人」之稱。他曾經說：「我走我自己的路，我有我的宇宙。」可以想見他對於寫詩的堅持與信念。

在日本時代，臺灣社會早在一九三〇年代就接受現代性的洗禮。隨著日本有計畫的建設，島內也慢慢出現現代都市的情景，作為首都的臺北更是首當其衝。吳瀛濤生長於臺北，自然以最快速而直接的方式感受到城市的變化。當時的國民政府雖一再壓抑文壇向前進步，卻無法阻止社會變化，以及一位現代主義詩人的誕生。吳瀛濤成熟的現代意識展現於他在一九五三年所寫的幾首詩中，然而現實距離詩人的理想卻是越來越遠，生活的信心一點一滴消耗殆盡。他所期待的生活是：

鮮活的生魚配合熟黃的檸檬
魚是秋天的海捕來的

檸檬是採自南方的果園
這一天，海的清澄和南國的芬芳配成的風味
上於早晨的食桌，佈滿青春健康的氣息

這幸福的早晨
妻喲，買來幾朵花吧
讓我們的生活更充滿生命的光輝
孩子們，你們也稚心地玩著吧
因為這是你們最快樂的童年

我呢
我要打開年輕的詩集，到那綠色的山裡去

這一首詩最早以〈幸福〉為名寫成，後來又改為〈生活〉。

食材是料理之本

現代高級料理首重食材，事實上，食材也是形成臺灣料理的重要因素。這十年來臺灣大廚到法國進修法式料理，到日本學習日式料理，回到臺灣之後，都成了臺式西洋料理，或是自日本時代傳承下來的臺式日本料理，這都是因為臺灣食材的特殊風味所造成。

《臺灣日日新報》有〈良好的料理〉專欄，其中一篇談到「臺灣料理」入口的感受——油濃重口味，讓舌頭麻痺，但是滋味無窮。尤其提到臺灣料理的高檔食材，宴席中一定有的十四項是：燕窩、白木耳、魚翅、雞、鴨、鴿、蝦、鱘、鱉、鰻、鮑魚、鮮魚、海參、菰（茭白筍），季節料理有九孔、水蛙（青蛙）、香螺。

相比粵式料理的翅參鮑肚，日本時代的臺灣料理高檔食材除了特殊的魚肚（也稱花膠、魚鰾）之外，都涵蓋其中。唯有燕窩、魚翅因為環境照顧以及動物保護的當代價值觀不推廣使用外，其餘的食材仍然是目前臺灣料理／菜的大廚鑽研精進之道。

雞

二〇一六年蔡英文總統就職國宴的雞料理以雞湯——「錦繡菊花雞湯」——湯品的形式料理，並特別標榜用臺灣剛培育出不久（四五〇天）的桂丁雞為號召。雞做為食材的歷史雖然長久，但在宴席菜中往往成為配角，像是燉鮑魚、魚翅以雞湯煨。雞湯是臺灣人除了豬大骨之外，最佳的高湯原料，以主菜的形式出現的機會不多，倒是小餐館、家庭聚餐都會有一盤白斬雞或烤雞，已成了日常的家常菜。

具有現代性的當代飲食風潮，標榜有生產履歷的食材來源，備受信任並競相為大眾追逐。自二〇一六年的總統就職國宴之後，玉米雞、放山雞，吃素食的有機雞，尤其是臺灣第一隻由民間主導和政府共同研發的純種土雞，至今十年才培育到第十一、二代的桂丁雞，甚至被像每年法國耶誕節的聖品，稱為「臺灣的布列斯雞」。將料理白斬雞當作一門精巧的學問，因為要有好的、夠精緻的品種，以及飼養方法，才能做簡單卻又高難度的料理，讓饕客吃到純粹原味的雞肉，才能展現大廚的功力。

日本時代的旗亭酒樓也有宴席料理端出雞肉。一九二二年五月二十日，臺灣第一位醫學博士杜聰明與林雙隨的婚宴菜單中就有脆皮燒雞，或許這與江山樓的大廚是來自廣東的粵菜大廚有關。粵菜中燒雞（烤）或在一九七〇年代開始在臺灣盛行至今的廣／港式燒臘的油雞，都是臺灣菜中流行不衰的選擇。

一九一一年林久三撰寫《臺灣料理之栞》透露出的宴席菜譜有：生鏨雞、加里雞、冬菜鴨、八寶鴨、蟳丸、八寶蟳羹、五柳居、加里魚、燒雞管（捲）、麵線湯、杏仁豆腐；其中的生鏨雞就是白斬雞，而加里雞是咖哩雞，吃咖哩以咖哩為醬料的用法，應是來自日式咖哩、日式西餐的習慣，是日本人帶來島嶼的鄉愁料理。

然而我最熟悉的是白斬雞蘸桔醬，桔醬的滋味是客家人的味道，在被規劃為「浪漫臺三線」上的周邊橘園或是伙房屋邊的幾顆酸橘，就是客莊的桔醬來源。

鴨

鴨肉作為宴席料理倒是比雞肉更常見一些，手工繁複的北京烤鴨或粵式燒鵝是傳統有歷史性的名菜，更別說上海人據為己有的八寶鴨。上海人認為八寶鴨是上海菜是因為他們的菜譜從袁枚的《隨園食單》的〈蒸鴨〉而來。而在臺灣是阿婆要展現廚藝、宴請重要客人，或是年節的手路菜。家父有一次看到推廣臺灣現在最熱門的烤鴨食材「櫻桃鴨」的新聞時突然說：「你阿婆以前會做一道八寶鴨，香酥脆又很多料。」我一聽大驚，連聲追問：為什麼我從來沒吃過她做的八寶鴨？她什麼時候做了這道菜我怎麼不知道？順道自顧自的抗議。雖然她已經過世快十年了……這道菜手工繁複，光是幫鴨去骨就是精緻活，年紀越大越難使喚自己的四肢，除非有什麼特殊緣由，想必不會輕易料理。

臺灣知名餐廳從八寶鴨演變來的鴨料理，有以粵菜餐廳的招牌芋泥香酥鴨的羊城小館、醉楓園，以及東豐街彭家園。臺北的知名上海菜餐廳幾乎都有八寶鴨可以選擇，最著名的就是上海極品軒，但卻以脆皮料理，不是蒸鴨。反而是民權東路二段巷子裡的私廚歐家宴，傳承自廣東母親的粵菜，以蒸滷的方式處理鴨肉。

從臺灣料理的角度來看八寶鴨，應該是從粵菜系統的客家菜而來，香港港興大飯店的老闆劉松光說自己身為客家人，要賣傳統客家菜，梅菜扣肉、炸大腸、酒糟雞等，而鎮店招牌就是八寶鴨。

他說，八寶鴨以往是客家人辦喜宴的菜式，如今值錢的也就是功夫。做八寶鴨過程繁複，第一個步驟就是把鴨子去骨，繼而把栗子、鹹蛋黃、眉豆（扁豆）、糯米等八寶炒香攪勻，再填到鴨肚子裡去，用鴨頸於鴨頭上打圈包好，再把鴨身刺穿入爐，蒸熟後蘸上菜漿，下鑊炸至金黃色上碟。

不管是粵菜餐廳還是上海菜，八寶鴨都是預訂菜式，因為鴨肚內的糯米需要蒸兩小時才能熟透。

至於烤鴨，雖然有北京與廣／港式兩個系統，但在臺灣的餐廳都以片皮烤鴨為主要的料理方式，大家比較的是鴨的品種，近來最知名數新培育而成的櫻桃鴨。櫻桃鴨來自英國櫻桃谷，是北京鴨的一種，美國人將北京鴨引進美國東岸再傳到俄羅斯、英國歐洲國家，繞了一圈晚近才傳到臺灣。在此之前，臺灣最早飼養的鴨是菜鴨，褐羽鴨為蛋鴨，白羽鴨是肉鴨。另外還有北京鴨與番鴨，番鴨是臺灣鍋料理中冬天盛行的「薑母鴨」主要食材。

河／海鮮

蝦、鱘、鱉、鰻、鮑魚、鮮魚、海參，季節料理有九孔、水蛙（青蛙）、香螺，甚至不把前面的魚翅入列，任何料理廚師看了這份食材，都會想這個地方的人是有多麼喜歡海鮮啊！然後等他環島嶼一周之後，終於明白這是個海島，河川交錯，餐廳都要加上「臺菜海鮮餐廳」。

有一份大正十年（一九二一年）八月九日的春風得意樓收據，上面寫了五道菜，「清燉鮑魚」、「油炸水蛙」、「紅燒水鱉」、「生炒蝦仁」、「白煮大鱘」，一共八圓七錢。而江山樓十三道的完席料理一桌三十圓有五道是河鮮或海鮮。再看看東薈芳開的如意食堂，平常小吃最貴的是炒意麵三角、清湯意麵二角、炒雞蛋飯一角、白飯五錢、水餃一角五錢。更別說蓬萊閣的菜譜，幾乎是海鮮料理的菜單，延續日本時代的蓬萊閣系列餐廳，在一九八〇年代盛行於北投酒家的蓬萊菜單、知名餐廳像金蓬萊遵古餐廳、與蓬萊臺菜海鮮餐廳的合菜，十道菜有六道菜是河／海鮮類。臺北市內至今盛行的臺菜餐廳，明福或茂園臺菜海鮮餐廳，海鮮更是精緻。

從日本時代起至今都是臺灣料理名菜的魚類料理應該就是五柳居了。五柳居即糖醋魚，也有菜單會寫五柳枝、五柳魚，屬於閩菜菜系。五柳指五樣配料洋蔥、胡蘿蔔、香菇、辣椒、黑木耳、鹹菜、青蔥、薑絲，視廚師喜好或季節增減，魚要先裹地瓜粉油炸，醬料則是太白粉拌水、番茄醬、糖、醋（南部用黑醋、北部用白醋，有人用黑白醋）。魚則是日本時代以河鮮鯉魚為尚。現代人多不崇尚淡水魚，認為有寄生蟲之虞，多用近海的白鯧、黃魚，或是臺灣人喜歡的嘉鱲魚。其中有一品是現在稱為臺灣鯛的吳郭魚，吳郭魚曾是臺灣淡水養魚的大宗，但一般人嫌棄有泥土味，養殖增進改良之後用鹹水飼養，成為出口的高級魚種臺灣鯛，也是臺灣人喜歡做糖醋魚的魚種。

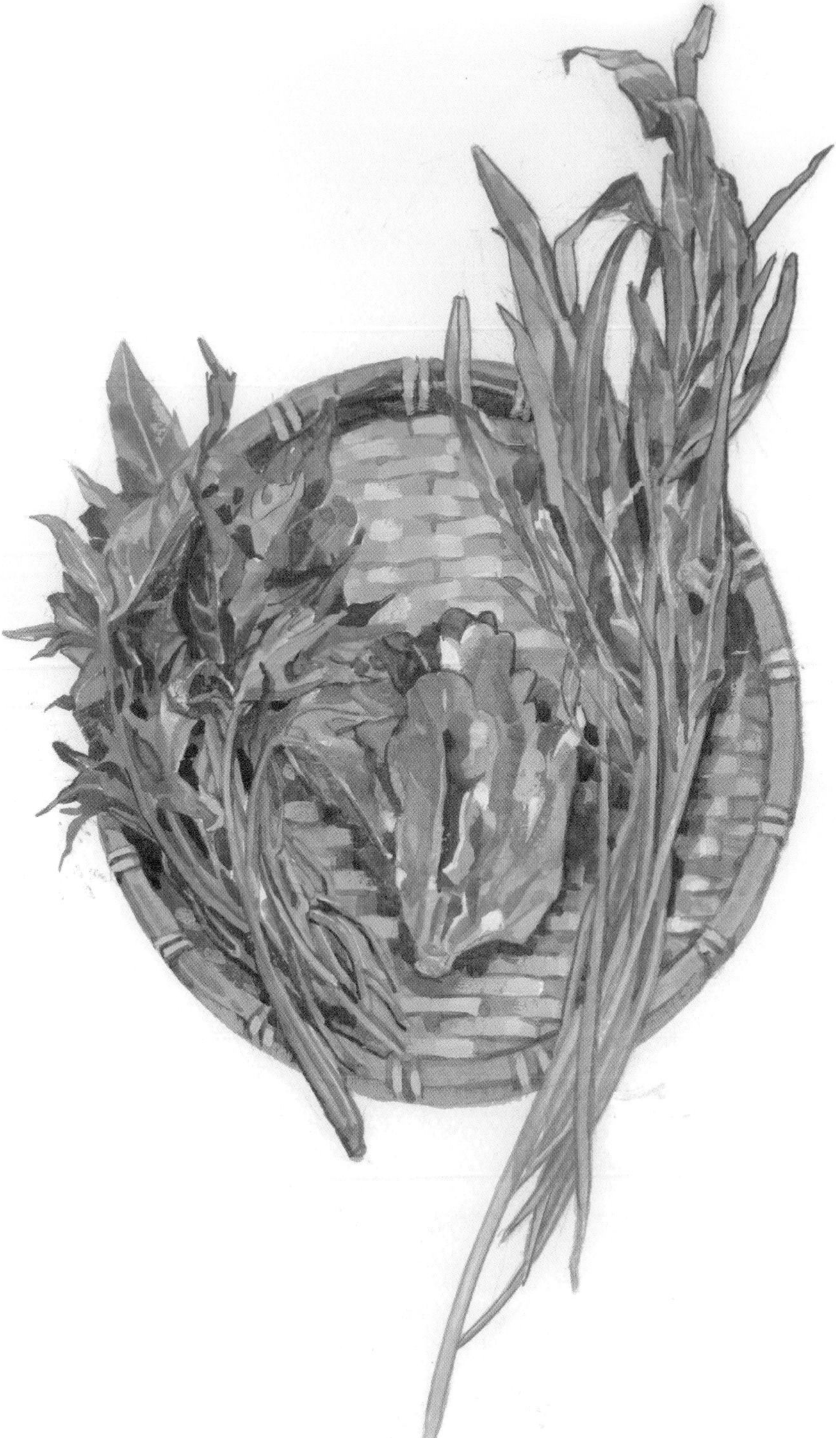

但最為臺灣執政當局驕傲的當數臺灣石斑魚，自李登輝總統的就職國宴之後，後繼每位總統的國宴全都有石斑魚，當然「樹子清蒸石斑魚」才是王道，清蒸才能顯示石斑的質地、甜美、細緻，以及無與倫比的鮮味（日文：旨味，umami，指令人愉快且美味可口的味道）。

臺灣料理的菜單在日本時代大稻埕的旗樓奠定基礎之後，變化不大，會在宴席菜上消失或少用的都與現代的價值觀有關，像是燕窩與魚翅。雖然還是有標榜魚翅燕窩的高檔餐廳，但是像國宴這種場合，就不會隨意使用甚至禁用，畢竟執政者若不展現自己的進步思想，不能取信於眾。

至於蔬菜在最近一次的蔡英文總統的就職國宴是最能展現現代飲食風潮的菜單，「從產地到餐桌」，每一樣作物的生產履歷清清楚楚，標榜有機、自然農法、臺灣新育種，營養成分、養生價值，都是現代人追求的食物價值。

日本時代的菰，就是茭白筍，雖然在幾次國宴上都不見蹤影，但一直是臺灣蔬果作物較高單價的蔬菜，尤其日式飲食風潮興起，烤味噌茭白筍可是臺灣日式料理餐廳熱門的燒烤品項，只是季節性太過於明顯，只能是旬味。

第二章

場所，從酒樓出發的文藝復興運動

場所，從酒樓出發的文藝復興運動

料理一詞承襲自日文的りょうり（ryouri）漢字，是烹飪的意思。在食物的領域，當代最新的一項任務應該是「食物設計師」（food stylist），也有稱作「美食設計師」、「料理設計師」。他不一定是大廚，但一定懂得食物，就像最熱門的美食戲劇，發行全球一百九十幾個國家的《深夜食堂》的食物設計師飯島直美，原來是食物廣告的設計者，替電影《海鷗食堂》設計食物，隨著電影受歡迎一炮而紅，這項工作也因而備受矚目。她在雜誌開專欄，出版了近十本的料理書籍，參與電影、戲劇製作。嚴格說來她並不是第一位擔任此項工作的人，臺灣在日本時代的酒樓經營者，幾乎都是食物設計師，會在報紙媒體發表對食物、料理的看法，提供食譜，在婦女會、學校授課，也是一件時髦、引領風潮的事物呢。

甚至，酒樓的經營者肩負著扛起文化大旗責任，臺中膠彩畫大師林之助就說過：「這裡曾經蠢動過臺灣文藝復興的氣流。」並稱讚山水亭具有法國文藝沙龍的地位。

料理設計是指構想菜單、食材、作法、呈現的樣貌，同樣的，一個能夠體會料理、享受美食的人，也代表他在社會的階層、地位。一九二三年吳江山在《臺灣日日新報》的專欄曾提及，「是否具有特殊料理的知識，能夠判斷出一個人的禮儀教養，因此，有意了解臺灣料理者，必須先了解特殊料理。」

日本時代，大稻埕除了四大旗樓江（江山樓）、東（東薈芳）、春（春風得意樓）、蓬（蓬萊閣）之外，比較晚期的還有一九三九年開張的山水亭，再一次將臺灣料理更深化，普及化，形成家常菜的臺灣菜。

東薈芳的如意食堂賣意麵

四大酒樓成立最早的是清領時代一八八四年的東薈芳，仍然延續臺南酒樓的風格，以閩菜為主。一九一三年股東白扁自長崎獄中歸來，與另一股東吳江山（也就是後來江山樓的創辦人）有經營糾紛。吳江山被「搓圓仔湯」換股東，也是造成東薈芳的經營不斷變遷、換股、遷址的形象。但東薈芳仍然有「稻江名物」的稱號，幾次大型宴會，一九一一年被清朝慈禧太后通緝的政治人物梁啟超自日本到臺灣，臺灣仕紳百多人設宴款待，一九二三年裕仁皇太子行啟臺灣也是東薈芳與江山樓合辦，另一次是一九二八年久彌宮邦彥親王訪臺宴。

目前日本時代留下來的菜單影像，最知名的就是東薈芳在一九二四年設立的如意食堂的菜單。如意食堂就像現在大飯店裡面的各式餐館，設在東薈芳裡面的餐廳，看起來是一般人都能夠消費得起的餐館，也很明顯地看出這家餐館將料理的價格略微調降。有意麵、米粉、大麵、炒飯、角類、餅類，以及茶、飲料。最貴的是雞絲意麵兩角五錢。現今一般人熟知的意麵只能算是小吃，在日本時代卻是宴席菜，創立於一九二三年的臺南榮福小吃阿瑞意麵就是設在餐廳食堂的麵攤。

至於大稻埕歸綏街馳名的意麵王，一九三八年左右開始，王家阿嬤剛開始因為維持家計需要，先賣花生湯後轉為賣意麵、餛飩。大稻埕花生湯以大骨熬湯再加糖與一點鹽，意麵王味道獨特亦勝在湯頭，餛飩獨特處也在於只使用梅花肉以鹽、味精、醬油混拌一味而已。意麵王現在所在地，即是日本時代自重慶北路到延平北路的小吃街，而意麵王真正興起也是一九六〇年代之後，臺北進入商業社會，是第一劇場、國泰戲院仍舊繁華的年代。

玉麵又稱意麵。根據黎時潮考據的〈臺灣獨有的意麵〉一文指出，日人片岡巖在《臺灣風俗誌》第七章〈臺灣人的食物〉第十節有「玉麵」的製法，以麵粉摻雞鴨蛋的蛋白加入雞肉精汁，其餘與製麵相同，通常作為宴席的菜，較簡單的即用雞鴨蛋製成，口味很好。

一九二三年五月一日，黃旺成在日記裡也提到意麵：「四奶下午親製意麵，以饗東家並及諸同人」。這位四奶，名為廖貴，是那時黃旺成的雇主，臺中仕紳富豪蔡蓮舫的四姨太。由這段紀錄知道，那時候主人用意麵招待賓客，是很體面並且會被銘記的經驗。

另外臺南醫生吳新榮在日記中也留下兩則吃意麵的紀錄：「到西市場吃當歸鴨和意麵，再到天國喝清酒、吃水果，就回家了。」一九四一年七月五日：「一起到松竹吃意麵，到天國咖啡屋吃酸菜雞。」文中的天國和松竹，都是「カフエー」（珈琲館），就是日本時代的日式俱樂部。

從酒樓、餐廳的宴席菜成為小吃，一方面是手工不那麼繁複，另一方面也是工商社會興起的前兆。圍繞在太平町（延平北路二段）周圍的小吃店，是一般人都能消費得起的餐飲，也是從「臺灣料理」發展成「臺灣菜」的過程。

完整的臺灣料理一共十三道菜，上菜順序是一乾一湯，第七道中場休息是鹹點，最後一道甜湯或水果。鹹點一般有蓮花餃、龍角餃、榭榴餃、燒賣、水餃、炸春餅，最後的完席料理，夏季為杏仁豆腐、馬薯粉糕，冬季則是蓮子湯、花生湯。這些鹹甜點也是餐廳會特別開賣的小食，甚至成為招牌點心，像江山樓的咖哩酥。

蓬萊閣的風月報

因為江山樓、東薈芳競爭而興起的蓬萊閣，也是一直延續到戰後傳承四大酒樓風格的最典型。蓬萊閣的歷任大廚在一九五〇年代開始在臺北各處，尤其是北投、天母所經營的酒家，發展出的酒家菜也是臺灣菜的特色之一。蓬萊閣初始以閩菜系為主，後又匯集川、粵、京菜，且融合了臺灣料理，但在宣傳上還是以中華料理為名。蓬萊閣對臺菜最大的貢獻應在於培養臺灣本地大廚，開枝散葉，成為北部臺菜的源頭。

原本在淡水經營石油事業的商人黃東茂興建大樓，租給東薈芳，但是東薈芳經營情況不時紛擾，才將產權收回，自己經營蓬萊閣，一九二七年開張。一九二八年就記下臺灣工運史的一頁，蔣渭水等人的「臺灣工友總聯盟成立大會」在此宣示，有蔣渭水的「同胞須團結，團結真有力」標語也大張旗鼓地掛在歷史性建築的大門廊柱上。

相對於江山樓的總經理郭秋生讓江山樓的辦公室變成「臺灣文藝協

會」的聚會場所、《南音》雜誌的編輯部。蓬萊閣也因為《風月報》而成為雜誌社的編輯部。

臺中地主吳子瑜，先於一九三六年在臺中興建「天外天劇場」。劇場內經營有食堂、喫茶店、賣店、咖啡店、跳舞場，因經常到臺北交際遊樂，涉足旗亭酒樓，倍覺有趣，於是成立一個專門探訪藝妲間的「風月俱樂部」，一班人流連藝妲間。後獨自出資三千元當作《風月報》創刊基金，資金耗盡，一度停刊，來找蓬萊閣黃東茂出資，並邀戰後從事新聞工作的吳漫沙加入編輯行列，編輯部就設在蓬萊閣，之後遷到太平町的藝妲街（歸綏街巷子），改名「南方雜誌社」。

藝妲間通常是在酒樓飲宴結束，「二次會」去的地方，因為座落在二、三樓，沒有設置廚房，要叫外賣，太平町的的小吃店、清粥店，由此興盛。

江山樓在一九四九年結束，蓬萊閣則持續到一九五五年，因此，在臺灣戒嚴之前還是最重要的高級飲宴場所。在一份名為〈二二八大屠殺的證言〉的資料，歐陽亮可先生的口述歷史中有這樣的記錄：「姚虎臣的名字，我一直記在心裡，只是不曾見過他本人。我用顫抖的手指撿起邀請函，仔細讀看看，內容是『有事請益，明晚六點，於蓬萊閣恭候光臨。』以及，『蓬萊閣是位於二二八發生地，大稻埕圓環附近的一家飯店。從中山北路過去不會很遠，但是我卻不曾去過那一帶。』

「我們像被綁架一樣，一進到蓬萊閣，二樓的隔間裡面已經來了幾位客人，……桌上擺了很多啤酒、紹興酒，精緻的料理也一盤接一盤地上桌。我們被叫來的四個客人吃得很少，只是看著他狼吞虎嚥而已。」

這份記憶著歷史場景的資料，也告訴後來的人一件事，大稻埕的酒樓在風聲鶴唳、人人自危的年代，依然承載著作為歷史場所的命運，餐盤上臺灣料理的豐美盛宴見證被操弄的命運。

春風得意樓賣的酒

提到酒或許該說說蔣渭水的春風得意樓。一九一四年大稻埕名廚林聚光賣地蓋樓的豪情壯志，一時風光無限。他將現今約是中山北路、林森北路一帶幾千坪的土地賣掉，開設春風得意樓，六年之後，一九二〇年就讓當時的名醫蔣渭水入股，在入股之前，蔣渭水於一九一七年取得宜蘭名酒「甘泉老紅酒」（亦即紅露酒）的代理權，就在大稻埕的酒樓賣得熱火朝天。但是在一九二二年被蔣完全收購，接著擴大營業的春風得意樓，也在當年八月迅速結束營業。

蔣渭水這麼戲劇性地結束生意人生涯，或許與他的參政有關。一九二一年與霧峰林家的林獻堂籌謀已久的「臺灣議會設置運動」正式展開，十月在現今的靜修女中成立「臺灣文化協會」，開啟他政治生涯的高峰。一九二三年的「治警事件」被囚四個月，一九二五年反抗總督政令被囚四個月，牢獄生涯，想來是無暇顧及酒樓生意以及其他。但是一九二六年他在現今的延平北路，他的大安醫院對面開設「文化書局」，專門販賣政治、思潮與文化叢書，經年累月為特務監視。

一九二七年成立「臺灣民眾黨」，次年成立「臺灣工友總聯盟」在蓬萊閣門口那張歷史性照片，與「同胞須團結，團結真有力」的旗幟，成為臺灣反抗事件的精神象徵。

日本時代的臺灣料理餐宴，最高級是用紹興酒，其次用老紅酒（紅露酒），蔣渭水代理的「甘泉老紅酒」是一種紅麴米發酵加入米酒，屬於發酵酒，陳年老紅酒是難得的高級宴會餐酒。

臺灣最早的紅露酒是跟隨鄭成功來自福建安溪，先在宜蘭發展，日本時代以樹林酒廠為製造臺酒的基地，一九一〇年以臺北樹林仕紳黃純青偕同林本源商號以西方製酒方式用紅麴製酒，並以日文「紅露」為名，故稱紅露酒。「金雞老紅酒」聞名的宜蘭酒廠，於一九四六年用日文取名「紅露酒」，蔣渭水則是一九一七年透過其妻舅石煥長（宜蘭酒廠創辦人之一）取得「紅露酒」代理權，並引進至大稻埕販售，從此宜蘭「紅露酒」之名廣為人知。

春風得意樓除了知名的酒，酒樓兩次轟動的大宴，先是一九一六年的閑宮院載仁親王訪臺，以及一九一七年北白川宮成久親王夫婦的宵夜，端的都是宴席菜。當然並不是在酒樓就得吃完全席十三道料理，三五成群，一般時候也可以叫幾道菜就好，春風得意樓目前留下來最著名的是一份帳單，有清湯鮑魚、炸油水蛙、紅燒鱉、生炒蝦仁、白片大蟳，都是海產類，一共八圓七錢。

在一九一二年臺灣總督府通判林久三所著的《臺灣料理之栞》中提到，臺灣料理並沒有想像中的油膩，而且是更精緻的料理，有煎、燉、炒、炸、蒸各自的特色。像這份帳單的清湯鮑魚的食譜就這樣記載；食材：鮑魚兩個、白菜四五片、豬肉切薄片約二十兩、香菇大五個、筍子小一支、慈菇幾個。料理：各種食材平均放置於甕裡面，盒裝的鮑魚要先以雞湯燉煮，再取出切片，再次放入甕中燉煮，一盅湯完成。

山水亭是文化人的場所

客家電視臺的《臺北歌手》是一齣描述呂赫若的傳記連續劇，有「臺灣第一才子」之稱的他創作小說、學聲樂、演話劇，加入張文環主編的「臺灣文學」陣容，並擔任「興南新聞」記者，也參與張文環、呂泉生組成的「厚生演劇研究會」，進入興業統制會社電影公司，認識蘇玉蘭，視她為紅粉知己，兩人育有一子一女。電視劇中呂赫若帶蘇玉蘭去認識厚生演劇的主要人物參與話劇演出，就是在山水亭，兩人都點了一份刈包。山水亭的老闆王井泉大家叫他古井兄，在戰爭時期是臺灣藝文圈活躍的人物，山水亭也是接續四大旗亭從事藝文工作的重要場所。一九三九年的山水亭有「臺北文化沙龍」的美名。

古井兄是位好好先生。

畫家、文士、樂人們，

每每都讓他請客。
山水亭又窄又陋的半樓裡，
曾蠢動過臺灣文藝復興的氣流。
有喜氣洋洋的景象，
也有訴不盡的哀愁。

——〈半樓〉，林之助（一九一七～二〇〇八）
作家王昶雄（一九一六～二〇〇〇）譯

這是臺灣膠彩畫家林之助以日文寫就，向王井泉致敬的詩作，道盡山水亭的流光歲月。王井泉不但是當時臺灣文藝活動的支持者，也是一位擅長樂器的演奏家，經常在餐廳裡彈奏曼陀林，是「臺北曼陀林俱樂部」的創辦人此外，吉他、演劇社的樂器伴奏，甚至演出，都可以看到他的身影。一九二四年加入「星光演劇研究會」，演出田漢的三幕劇《終身大事》和《火裡蓮花》。

亭水山

扮演臺灣新文化運動的推手，在他參與「厚生演劇」的活動最為明顯。戲團集合了作家、編劇、導演、演員，以及作曲家、都是臺灣文化意識最早覺醒，也最為熱情參與的一群人，戲劇更是吸引其他領域菁英嚮往參與的場域。

一九三九年之後是日治臺灣皇民化運動逐漸激烈熾熱的時期，稍微有自主意識的人都被壓迫得喘不過氣來，加上物資匱乏，民生緊縮，生活日益艱難。此時，因為妻子擁有一些地方資源的王井泉到北投、天母的農家採買食材，例如，空心菜、番薯、地瓜葉、茼蒿，以及醃漬食材，像是筍乾、蘿蔔絲、蘿蔔乾，一些盛產蔬菜的菜乾，因為戰爭導致外來糧食不足，順勢將臺灣本地原料的家常菜轉化為宴席料理。例如，白斬雞、虱目魚，從此宴席菜才開始出現「臺灣的家鄉味」，延續至今，標榜臺菜的餐廳仍然以筍絲、菜脯蛋為招牌菜。

一九四一年全臺實施物資管制政策，所有糧食都須經由配給取得。山水亭透過黑市、北投農家的在地食材管道，仍能豪邁地供應各式各樣新鮮的純臺灣菜，例如，刈包、雞腳凍、炒酸菜蝦仁、煎菜脯蛋、蟳醬冬瓜肉等。從產地直送餐桌，保存推展臺灣人的飲食生活傳統，豐富臺灣人的生活經驗與情感。

比起四大旗亭，山水亭在大安醫院附近，現今延平北路二段的地方二樓，一樓是厚生演劇社。想像這些力圖改革臺灣戲劇的演員、劇作家們，在樓下排演結束爬到二樓聚餐的樣子。在空間不很寬敞的狹長餐廳排滿桌子，每張桌子上都插著花，無論是吃飯或喝茶，隨時都可以欣賞唱機播放的樂曲。

從《臺灣日日新報》的飲食專欄也可以窺知臺灣料理走向常民化的演變，從一九二〇年代到三五年之後的食譜就大為不同，像一九三五年的食譜就會有炒生菜肉、三鮮火鍋、什菜飯、紅燒魚、清湯三絲等，在作法上較為簡單。另外，當時的餐廳還肩負教育責任，經常會辦臺灣料理的試食會、講習會，還會到女校教學生做料理。

水晶鴿蛋：

鴿蛋、雞肉五十兩、醬油適量。

1.鴿蛋放進蒸籠蒸三十分鐘，拿出冷卻，剝殼。放入容器裡淋上高湯，再蒸。

2.雞肉切成適當大小，加入豆粉（黃豆粉）、醬油醃漬，備用。

3.火腿切成長方形兩三片熬高湯，煮沸，放進雞肉再次煮沸，取出雞肉與鴿蛋一起放進容器，淋上高湯，加入醬油少許，調味。

4.以高湯調製的雞肉、香菇中放置鴿蛋，盛盤。

——吳江山，〈臺灣料理の話〉，《臺灣日日新報》，一九二七年十二月三日第三版

水晶鴿蛋

①鴿蛋放進蒸籠蒸三十分鐘，冷卻後剝殼放回容器加高湯再蒸

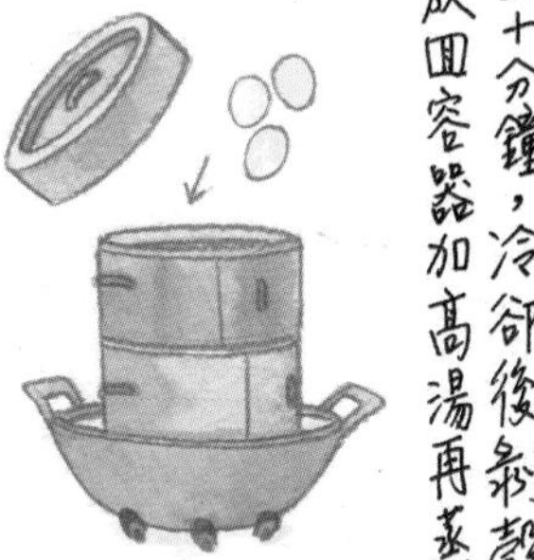

②雞肉切成適當大小，加入豆粉、醬油醃漬備用

③火腿切片熬煮高湯，加入香菇煮沸

④放進雞肉再次煮沸

⑤取出雞肉、香菇裝盤，淋上高湯，加入少許醬油調味

⑥中心放上鴿蛋，完成

我不喜歡蛋，尤其是蛋黃；小時候吃茶葉蛋一定要我阿婆在的時候，因為我可以把蛋黃給她，我只吃蛋白。那時流行一天只能吃一顆蛋，因為蛋黃的膽固醇太高。我經常在不安的情緒中把蛋黃給我阿婆，她倒是一口就吞了下去。蛋黃有一種胺基酸的腥味，煮熟之後又太乾燥，於小孩而言應該是不好吞嚥。可是我發現很多小孩非常喜歡蛋，尤其是鴿蛋，我堂妹就曾把六顆鴿蛋同時放進嘴巴裡。或許有人就是喜歡那樣的氣味。

鴿蛋料理雖然常見，但一般家庭三餐並不常用這一樣食材，多半是在請客時，或者在臺菜餐廳聚餐時會點「炸蛋」。客家辦桌的宴席也喜歡燉一盅鴿蛋排骨鮮菇湯，出菜時撒上香菜（芫荽），就是一道精緻的湯品。這種燉湯我倒是喜歡，很鮮美，大家在搶鴿蛋的時候，我就把湯跟草菇或香菇吃完；還在奇怪大家為什麼喜歡吃沒有味道的蛋呢？而且這麼難以下嚥。

懂一點食材之後，發現蛋真正是難入味的一樣食材，但是很好搭配也很好使用。水煮蛋胺基酸的味道太濃，滷蛋吃到的是醬油味，蒸蛋、蛋捲、煎蛋都是因為佐料才有滋味。我倒覺得最上乘的吃法是生蛋。丼飯上面打一顆蛋、泡麵打一顆蛋，最好的作法就是蛋黃絕對不能熟的半熟蛋。其餘的方式端看你帶出鮮味的食材，因食材不同有不同的滋味。

那一盤水晶鴿蛋經過兩道手續蒸煮，才將美味逼出來，逼出美味的應該是高湯與醬油，客家人說：「出味」。閩南人說：「𤆬味（tshuā-lōo，帶出味道來）」。這是可以帶出美味的第五味，稱作「鮮味」。

追求鮮味是美食界的終極目標，美食料理說穿了就是在尋找鮮味。一九〇八年日本化學家、東京帝國大學教授池田菊苗（一八六四～一九三六年）發現海帶的味道源自谷氨酸鹽及核苷酸的味覺，一九〇八年他取得味精的專利，成立「味之素」。「味之素」三個字在我看來應該是埋在臺灣人底層記憶不可磨滅的印記，一九三五年「始政四十周年記念臺灣博覽會」，簡稱「臺灣博覽會」的第二會場設於臺北新公園（今二二八和平紀念公園）內，東京館外大大的「味の素」招牌，深植人心。

味素在一九一〇年代開始在臺灣販售，早就是臺灣人集體記憶的一部分，甚至是臺灣的鮮味來源之一。

當時，東京市作為「帝都」及日本最現代化的城市，東京館館內的展出物品也以現代化的產物為主。味素的發明帶動新飲食風潮，煮任何菜若不加一點味素似乎就少了那麼一點鮮味。直到健康飲食風潮掀起，大家意識到味素終究是化學合成製品，尤其，在二〇一四年之後的臺灣食安危機，味素、鮮高湯更是讓臺灣人戒慎恐懼。

旨味（意指美味），與甜、酸、苦、鹹形成五種基本味道。Umai 來自日語 umami（うま味）的外來詞，指「令人愉快且美味可口的味道」。這種獨特的寫法是由池田菊苗教授組合 umai（うまい）「旨」與 mi（味）「味道」而來。旨味表示某種食物十分美味（oishii，美味しい）。

當然，最具代表性的旨味是和食中的日式高湯，以柴魚片跟海帶熬煮的湯底，是日式食物的基本精神，經常在日本的食物廣告中看到「讓你感受到旨味」、「將旨味帶出來」。在日本時代的《臺灣日日新報》

中的味之素廣告更是把它定調成「理想的文化調味料」。但是旨味究竟為何？或許可以從二〇一五年以食為主題的米蘭世界博覽會中日本館的高湯和旨味的展示找到線索。

對自己的味覺非常有自信的日本人認為，大和民族的味覺是全世界最好、最正確的，還出版過一本書《日本人的味覺為世界第一》（鈴木隆一著，AISSY株式会社，二〇一三年），他們哪來的自信呢？根據作者鈴木隆一的說法：日本人自始以魚為主食，屬於島國的日本，四周被海洋包圍著，可以獲得非常豐富的漁獲量，因此變得經常吃魚，利用海產所熬出的高湯，就是旨味的寶庫。日本人之所以會對旨味如此敏感，也是因為有這樣的飲食背景的關係。

旨味具體來說，是指胺基酸，而蛋白質是由二十種胺基酸合成，每一種能提煉鮮味的食材裡都有各自不同的胺基酸，像是谷氨酸、肌苷酸，單磷酸鳥苷。谷氨酸，有昆布、番茄、蘆筍，蔬果類多。肌苷酸則是柴魚、牛肉、豬肉，以肉類為主。單磷酸鳥苷在乾香菇或乾燥的牛肝菌菇中，含有較多。

從化學成分分析起來，每個地方有各自的風土條件，也就可以產生自己的旨味，例如，東南國家的魚露及甜魚露；中華料理使用大骨熬出的高湯；地中海飲食的番茄蔬菜湯。

就如臺灣密集的火鍋店都會標榜日式高湯、川味麻辣鍋、咖哩鍋，甚至有起司、巧克力鍋，牛奶鍋的湯底的牛奶也是一種可以引出美味的旨味嗎？臺灣人呢？臺灣鮮味是哪一味？經常在臺灣食譜書中看到的「豬大骨熬高湯」，素食就用香菇帶出食物的味道。在客語中也有一種說法叫「咪緒」（mi xi，味道），通常是說好味道，客家諺語就說：「少食多香氣，多食無味緒。」

在《臺灣料理之栞》一書中，將料理的手法分成六大類：湯、燴煮、煎、炸、蒸、水煮。第一種湯類，作者說明臺灣的湯與西洋料理的高湯相同，以豬肉、雞或鴨煮一鍋肉湯，將煮爛的肉去掉，看起來澄澈而無雜質，以隨時備用。書中在汁物一項的二十七道菜，雖說是清湯鮑魚、清湯參（海參）、土豆仁（花生）湯，都是靠高湯熬煮而成才有滋味。

前面提到的歸綏街「意麵王」，大家好奇為什麼賣意麵又兼賣冰，尤其花生、紅豆口味最受歡迎，原來「意麵王」阿嬤原本是賣土豆仁湯，就是用大骨熬湯傳承下來。

又如一道即將失傳的肉丸湯，我小時候經常吃，不知從何時起已不再嚐到。我母親說這一道湯看起來簡單其實頗費工，要先熬煮高湯，肉丸最好用里肌肉剁碎，手上抹米酒一顆一顆摔打，再慢火蒸熟，取高湯煮筍片或蘿蔔片，再加一些香菇煮熟，以大碗公盛湯六分滿，把肉丸加進去，丟一些芫荽，上桌。

這是一道解釋臺灣鮮味很好的示範料理。

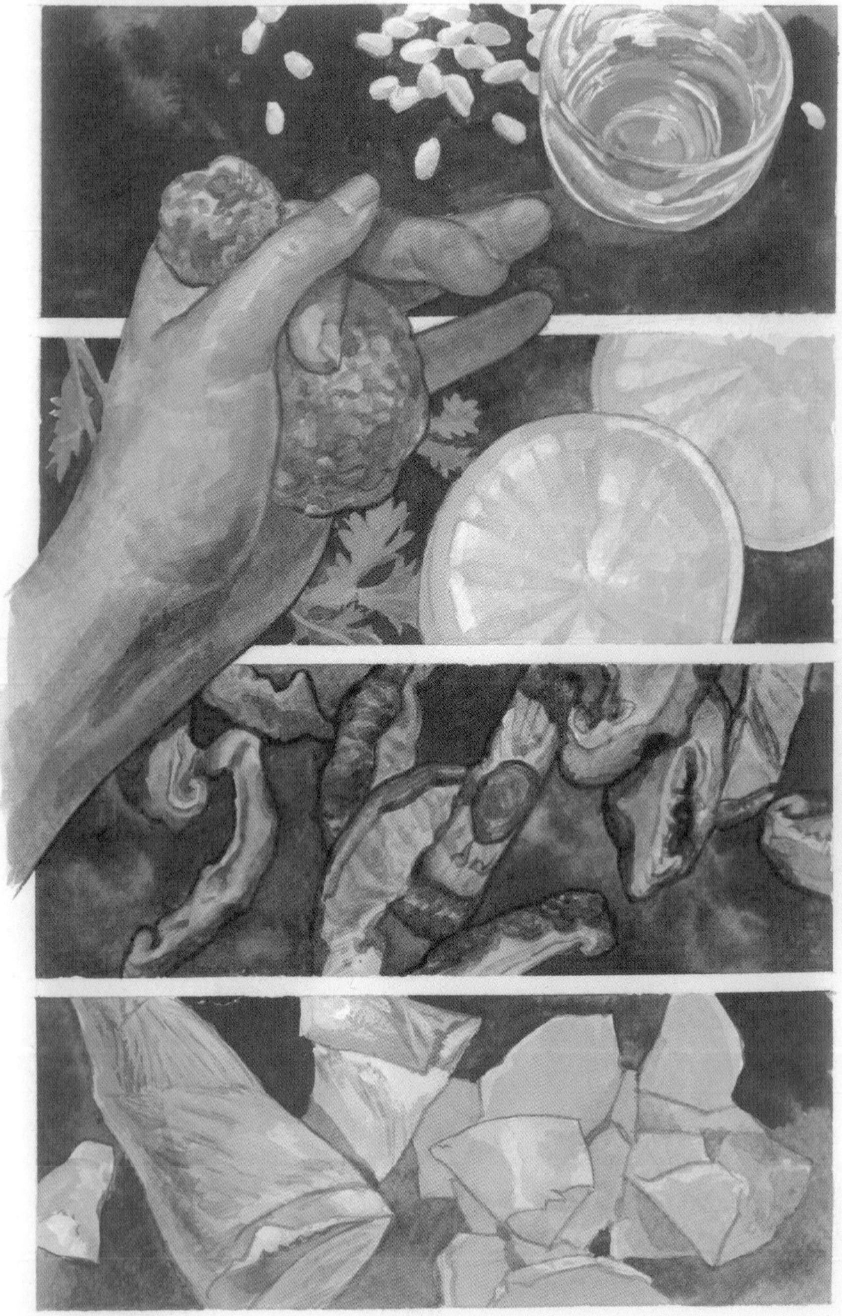

第三章

從御宴到國宴，百年流轉的身影

從御宴到國宴，百年流轉的身影

二〇一六年再次政黨輪替，新政府在公布就職國宴菜單時，就先為人民定義了二〇〇七年的牛津字典年度單字，一個法文字 locavore：local 指「當地的」、devour 是「貪吃」，用中文詮釋為「在地得時」。以河洛語發音說「得時」，會更精準更有意思。

認真說起來，locavore 的法文真義（或者說本義）是「本土飲食」，可追溯到一九八九年義大利人卡羅・佩屈尼（Carlo Petrini）發起的新飲食運動風潮「慢食」，也貼近於英國環保人士派克斯頓（Andrea Paxton）在一九九〇年提出的食物里程（food miles）概念，用來描述食物從生產地到消費者的餐桌所經過的運輸距離，為了減少碳排放量所發起的運動。

這些訊息卻讓我回憶起大學時代島嶼風起雲湧的各種運動，其中影響深遠的是一九八八年的「五二〇農民運動」，一場為了抵擋加入

GATT（關稅暨貿易總協定，WTO的前身）的運動，也是這場運動具體化了臺灣解嚴、解除報禁，在二次大戰之後國民黨統治臺灣的鬆動。同樣的，戰後全球工業化四十多年的隱患正式浮上檯面，一座海島，一個永遠必須向海洋發展擴散的社會，隨時與全球接軌的環境，如何保有本土飲食風貌。

或許新政府並沒有想得太遠，但這樣無法與世界隔離獨善其身的地理位置，注定她與世界同脈動的命運，是執政者也不得不思考的問題，就像臺灣人最介意的有沒有國際觀，我們從就職典禮的國宴開始說起吧，畢竟飲食最能體現當下。

從「在地得時」的八道主菜、一道前菜，與水果盤和甜點來看，這點與國際飲食風潮同步的概念，卻是最講究「本土化」（localization）。從一九九〇年代起，甚至從國民黨政權蔣經國說出，「我也是臺灣人」的時候，就被各種運動貫徹的精神，在飲食上，可以從另一個法文字terroir（風土）說起，風土人情是吃地方菜的元素，原來是講釀造葡萄酒的葡萄的地理條件，指氣候、地形、土壤、品種，以及人情手作勞動所產出的風味，二〇一六年的五二〇就職國宴在食材上，傳達風土條件的元素被貫徹得很徹底，被運用得出神入化。

說起風土條件，臺灣最值得稱道的就是「臺灣水果」，臺灣水果必須用上下引號括起來以示強調，因為我一直認為「臺灣果農」是上帝派遣下凡的幸福天使，如果說地球即將沉淪，必須保存的幾樣美好事物，其中一項應該就是這個蕃薯形島嶼的水果與果農。

柑仔，與浪漫臺三線

L'orange peau confit cristallise

Le gingembre peau confit cristallise

熬出水晶一般的光澤（這是法國諺語）

前面一句是講柑橘皮，後面一句指的則是薑，我喜歡檸檬薑茶，或橘子薑味果醬，兩者調和在一起，是冬天的味道，誰叫我是臺三線上的客家人呢，這兩種作物都是客家風味。

自稱是客家妹的蔡英文總統，競選政見之一就是「浪漫臺三線」，她終於完成了她最浪漫的競選政見——「臺三線浪漫大道」——從桃園市的大溪（與新北市鶯歌交界處，大漢溪北岸）到臺中市的霧峰（隔烏溪與彰化縣芬園鄉交界處）；雖然實際上的臺三線是自臺北市忠孝西路中山南路口（行政院前面）到屏東縣的屏東市，她自己的故鄉。

這一段臺三線確實如小英總統講的，「很寧靜、很乾淨，充滿生活感覺的一條路。」也是我的夢中風景，尤其對當旅人時的我來說，總會在看別的風景時，不經意間就浮上心頭的風光，一窪水、一畦稻田，甚至只是一棵橘子樹。

辦桌喝柳橙汁、白斬雞蘸桔醬，臺三線上的客家人都這麼請客。

無所不在的柑橘身影：神桌上的椪柑，冰箱裡的柳橙汁，水果店一年四季更換不同的橘子、柳橙、柚子、檸檬,中藥店的陳皮,糖果店的金棗(金桔)蜜餞,餐桌上白斬雞蘸桔醬;如果你習慣吃美式早餐,很可能是橘子果醬塗吐司,柳橙汁一杯,滴兩滴檸檬汁在培根炒蛋裡,開始你的一天。

作為全球最大宗的水果,柑橘產區廣布,種類繁多,總有讓人消化不完的一天。於是一九一〇年代開始,美國出現盒裝柳橙汁全力推廣,因此,餐桌上、冰箱裡,隨時都可以喝到柳橙汁,因為人類隨時都需要維他命C。在臺灣一九六〇年代開始發展果汁工業,由臺大園藝系方祖達教授開始帶領研發團隊,應用色層分析法分析水果的重要成分,並解決了柑果甘(Hesperidin)引起桶柑囊片糖漬罐頭白著沉澱、柚類中苦柚甘(Narigin)造成苦味,將果汁工業推向一九八〇年代的高峰。

談柑橘類水果最令人苦惱的是種類太多,因為產區風土條件的不同,發展出不同柑橘類水果各有特色之外,最讓人目眩神迷的是栽植過程中,所累積的人文藝術、飲食文化各具擅長。而我最能感同身受並打動我的當然是客家文化中的桔醬。

酸橘：臺灣最重要的柑橘育種砧木

水果產業的發展，很重要的一環是果農嫁接技術的精純度與技術，這種繁殖法雖然比較晚期才被發展出來，卻是目前最重要的方法，也是決定能不能大規模生產的主要原因。嫁接是將想要繁殖植株的枝條（稱為接穗），接合在帶有根且已經成活的植株上（稱為砧木 Stock 或 Root stock），取代已成活植株的上部，或期望用來生產的植株，利用砧木的根系來進行生產。臺三線上的一座座橘園能夠發展出有規模的果園，除了自然環境優良和種植技術，以及歷史文獻紀錄傳承經驗的果農之外，他們的秘密武器在於自家傳承好幾代只能拿來做桔醬的酸橘，由自家酸橘嫁接而成的果樹就是獨一無二、擁有獨特風味的地方風物。因此，遇到有人神秘地跟你說，這是全世界獨一無二的橘子喔，也別輕忽，在臺三線上你真有可能吃到朋友間只有你吃過的橘子。

3

范陳細妹：酸喔（兩人相視而笑），吃了這麼久的桔醬，現在才知道原來是這個味道（客語發音「咪西」）。

靜軒：是啊！

范陳細妹：這是秋天才有的味道（咪西），我都是趁這個時節做些桔醬給新仔，還有市場去賣。

——《桔醬的滋味》

這是公共電視人生劇展一個半鐘頭的單元劇，描述一位在楊梅菜市場賣桔醬、鹹菜（客語「卜菜」），獨力將兒子撫養長大的客家媽媽，想為即將結婚的兒子在舊宅邊蓋一棟紐西蘭風的房子，但只有七十萬一千五百二十二元，該怎麼將房子蓋起來呢？

我猜菜市場的桔醬一瓶頂多五、六十元，最貴不會超過一百元，這些錢是范陳細妹賣一輩子桔醬的存款。劇中有一幕是她知道兒子即將到紐西蘭任職，打算把新蓋好的房子賣掉，將錢留給兒子新仔帶到紐西蘭去。卻不知道做兒子的也明白自己的媽媽不可能跟著自己去紐西蘭過日子。幾番掙扎下新仔決定放棄外派並回老家，快到家門口前，看到一棟明信片中紐西蘭風的新房子要賣，他停下車去看房子，正好仲介在釘銷售招牌並跟他推銷房子，他們在客廳玄關處看到一個可愛的客家花布裝飾的櫃子。

仲介：「你是客家人嗎？」

新仔：「我是客家人。」（客語：嚾係客家人）

仲介：「屋主說她兒子喜歡吃桔醬，所以建築師特別在這裡設計了一個放桔醬的櫃子，那你一定知道桔醬有客家媽媽的味道。」

老實說電視劇中拿來蘸肉吃的桔醬不是我媽媽的味道，有一天跟我小姑姑吃中餐，我問她有沒有桔醬，她看了我一眼搖頭說；「那種醬不好，吃了會一直想再多添一碗飯，一直吃不停。」但是我們有另外一種桔醬的味道，我想忘也忘不了，咳嗽咳不停感冒好不了，我阿婆、媽媽強迫我喝的桔醬。

范陳細妹：「桔醬泡開水。」（客語：滾水）
建築師：「桔醬？」（困惑的表情）
范陳細妹：「我們客家人感冒（客語：寒到）喝這一個。」
建築師：「甜的。」
范陳細妹：「你以為我會拿蘸（客語：拭）豬肉的泡水給你喝喔。」
建築師：「那就再來一碗。」

柑橘類是一種一旦種植成功就很可能變成大量產出的水果，所以柳橙最大的食用方式不是新鮮食用，而是變成大規模生產的市售飲料所產生的經濟價值。另外一些柑橘類水果中的寬皮類橘或雜柑類，甜度低或是以酸度見長的種類，例如酸橘或金桔（棗），就成為加工類食品以罐頭、蜜餞、醬料來面世。

而新竹地區的臺灣原生種酸橘，是一種酸到難以入口的寬皮橘，卻又是嫁接不可缺少的砧木。每年大量產出的果實就成為當地婦女要想辦法解決的問題，做成蘸醬是在廚房多年的智慧結晶，所以每個廚房產出的桔醬都有自己獨特的味道，每個小孩都會認出的自己媽媽的味道。

這幾年臺灣政府極力推廣文化創意產業，也才使得媽媽廚房裡的獨門秘方變成一種文化的象徵。在網路科技的發展下，新的行銷方式與通路能夠更細膩的找到自己的顧客群，並更能建立自己的獨特味道。

關於臺灣原生種，總是有個浪漫的故事

一八九五年之後，臺灣跟著日本人的腳步開始現代化，日本學者也開始在臺灣做大規模的地理環境調查，在這座在太平洋與歐陸板塊交界處的島嶼，發現令人驚奇的原生種動植物，而柑橘類近年來最令人興奮的發現莫過於在苗栗銅鑼發現的「南庄橙」原生種。南庄橙是由日人島田彌市（Shimada Yaichi）所發現，當時的臺北帝大園藝講座教授，學者田中長三郎博士鑑定，認為這種柑橘只有臺灣是唯一分布的地區，

因為外形與酸橙日語的 daidai 近似，所以命名為「南庄代代」（nansho daidai）。

根據《臺灣植物誌》（Chang and Hartley, 1993）記錄，原生於臺灣的芸香科柑橘亞科的植物有四個種，其中 C. Taiwanica，稱為南庄橙，臺灣是世界唯一的原生地，目前認為原生地區在新竹、苗栗及臺東的低海拔林區。在苗栗縣銅鑼鎮發現的野生柑橘族群共十三株，其果實果肉與果皮緊黏，符合橙類特徵，但翼葉特徵與現有栽培橙類皆不相同，推測此野生柑橘族群極可能為瀕臨絕種的南庄橙。（參考資料：〈臺灣柑橘產業發展研討會專刊〉）

發現這個資料讓我興奮了好久，我心目中的山野田園風光都以新竹的峨眉鄉和苗栗南庄鄉為範本。若你問我臺三線上哪裡最美，我定然說，獅頭山，在新竹峨眉與苗栗南庄的交界處，峨眉湖群好似墜落在山間窪谷的珍珠，比英國的湖區更秀麗可愛，有柑橘的故鄉之稱。當然，讓峨眉人獨佔柑橘名號南庄人不會服氣，因為南庄自荷鄭時代（荷蘭、鄭成功時代，約始於一六〇〇年）起，就有採集樟腦的伐木文化（英國人在此紅毛館煉樟腦油），後來的煤礦群被發現，人口大量聚集還造就了南庄大戲院的看電影文化，所以種的桶柑怎麼會輸給峨眉人呢？

桶柑有年柑之稱，是臺灣人過年（春節）時節「軋神桌」（壓桌頭，神桌上敬神祭祖的物品）的水果。這款品種是椪柑與甜橙的自然雜交種，桶柑之名來自早期運載過程中以木桶子裝載。但是這兩處最好的橘子我偏愛海梨，果肉細膩，從我吃橘子的印象中，從沒吃過酸的海梨柑。但是這些傳統的橘子都已不再盛行，以臺灣果農強大的嫁接技術，與擁有現代性的改良精神，流風所及，茂谷柑是比較新潮的品種。更別說正在流行佛利蒙柑、成功改良的砂糖橘、臺農天王柑、臺農1號金香，以及故事意涵豐富、繞了地球一圈又回到臺灣的臍橙。

如果用這一次國宴最後一盤「花園寶島繽紛盤」來說在地得時與風土條件的故事，莫過於用臺灣人最自豪的水果鳳梨。從一九二〇年代臺灣出口的最大宗，世界出口第一的農產加工品鳳梨罐頭，造就臺灣農業輝煌年代的印記起，鳳梨就是臺灣最重要的經濟作物。

從鳳梨出口掌握臺灣經濟脈動的日本時代，之後雖然沉寂了一段時間；到二〇一五年鳳梨又取代了釋迦成為臺灣水果出口最大宗來看，臺灣人對鳳梨的喜愛不言而喻，更別說所有來臺的亞洲觀光客，人手一盒的鳳梨酥所營造的產值。

這次用的關廟金鑽鳳梨，又稱臺農十七號，這顆創造高甜度、重新打開鳳梨水果市場的鳳梨，看它的編號就知道是經過多少時間換取來的。臺農一、二號鳳梨，俗稱土鳳梨，也是這十年來臺灣鳳梨酥追求並標榜的微酸、正宗土鳳梨的臺灣鳳梨酥標榜正確品種。而因為過甜被丟棄的金鑽鳳梨，卻因為嘉義果農陳憲星的放手一搏，成為臺灣高甜度鳳梨的代表作。至於臺南關廟金鑽鳳梨的描述才是真正看出臺灣果農追求品質極致的精神。關廟丘陵向陽坡，地形起伏有致視野良好，山坡地排水佳、砂質土參雜黏土土壤養分容易積存，造就體型偏小、皮質粗糙卻甜度高肉質細膩，看起來略微偏瘦的鳳梨。這顆具有典型「臺灣風味」

的鳳梨打開了臺灣水果出口盛世。

臺灣風味並不是從二十一世紀的臺灣開始，關於「臺灣料理」我們必須從一九二三年四月二十四日裕仁皇太子來臺行啟的御宴說起，裕仁皇太子就是後來的昭和天皇（一九二六年十二月二十五日即位），一八九五年日本統治臺灣開啟了臺灣西式生活，跟隨日本明治維新的腳步進入國際化社會。

雖然裕仁皇太子不是第一位來臺灣的日本皇室成員，卻是位階最高的一位，他是大正天皇的繼承人，來臺灣的規格等級只比天皇行幸低一階。那一場華麗的盛宴，不只定義了臺灣料理，也展現了臺灣這一座海島國際化的程度，從好幾種高級食材來看；燕窩、魚翅、螃蟹、白木耳、鱉，其中白木耳來自四川、香菇來自美國，燕窩取自南洋馬來西亞，而魚翅、鱉、魚、蟹、蟳等河、海鮮講究新鮮，來自全島海岸，呈現了食材多元、注重品質，以及難能可貴。江山樓的老闆吳江山在《臺灣日日新報》上特別開專欄連載這十三道菜的料理方式並強調材料的選用：「材料的好壞佔四成，料理方法的巧拙佔六成，所以材料的選擇很重要。」在《臺灣日日新報》上定名為〈談臺灣料理〉的專欄可知，「臺灣料理」在當時所呈現的形象其實是高級、精緻，有特定的用餐禮儀與規範，使用的是珍貴新鮮食材、「不論臺灣料理或支那料理，在料理的材料方法上都相當複雜。」

臺灣料理，是一八九六年開始為了與日本料理區隔分開的說法，原本是一種「宴席菜」，並非家常菜。一九二一年吳江山開臺灣料理屋江山樓，之前他遊歷北京、廣州、天津，學習各地烹調方式，找來川菜廚師掌廚，一九二七年在《臺灣日日新報》開的專欄以「臺灣料理」為名說菜，這些菜色「掛爐燒鴨」、「生炒鳩酥」、「水晶鳩蛋」、「日月合璧」、「十面埋伏」看似與支那料理相似，但他說：雖然臺灣料理剛開始由支那傳入，但在當地風俗習慣、氣候、材料影響下，料理中逐漸添加「本島特色」，已具有充分而獨特的地位。所謂「本島特色」，也就是雖然使用與支那料理相同的的原料，但料理名、料理法、盛盤容器等，皆已改變。

一九二三年（大正十二年）東宮裕仁親王來臺行啟，四月二十四日在行邸大食堂賜宴「臺灣料理」，共十三道菜：

雪白官燕

燕窩來自南洋馬來西亞，有血燕（紅色）與白燕（白色）之分，料理方式有甜、鹹兩種。

金錢火雞

是「金錢蝦餅」的變形，將蝦肉換成火雞肉。金錢一如紅燒、宮保是為一種烹調法。以形狀來看這道菜，把豬肉切成薄薄兩片銅幣大小，中間夾上以蝦肉、荸薺、豬絞肉，以及佐料的食材，塗覆蛋汁、麵包粉後下鍋油炸。日治時期的宴席菜單上經常可以見到這道菜。晚近，一九八九年李登輝總統的國慶日臺北賓館晚宴，也用這道菜招待外賓。

水晶鴿蛋

鴿蛋、雞肉五十兩、醬油適量。雞肉要與豆粉（黃豆粉）、醬油醃漬。

紅燒火翅

魚翅是鯊魚鰭，品種不一，以鹿港產的「籠文鯊魚」品質最優，在市面上相當稀有。產量則以東港和宜蘭最多，且大多是在島內銷售，少數則外銷內地（當時稱本土為「內地」，與臺灣稱「本島」相對應日本）。

八寶焗蟳

大螃蟹肉和蔥段及麵包粉一起放進蟹殼中，蛋汁和麵粉混合後塗抹於殼上，沾上麵包粉後油炸。臺灣蟹的種類繁多，淡水蟹取自河邊的洞穴裡跟水稻田間溝渠，鹹水蟹從海邊洞穴抓取。本島人稱前者為河蟹，後者為蟳。後者比前者大，指的是海蟹的料理。

雪白木耳

產自四川，一如燕窩以白色為上品。料理方式甜鹹皆有。甜的似燕窩，鹹的料理通常和雞肉搭配，再放入美國產香菇提味的高湯中煮沸。

半點炸春餅

即炸春捲。

紅燒水魚

鱉、瘦豬肉、薑、蔥、蒜頭、高湯、醬油、豬油適量。

海參竹茹

馬尼拉產海參在料理前三日用水浸泡，取出外皮後洗淨，切成一吋長，再以香菇提味的高湯熬煮。

如意鱧（鯇）魚

本地淡水魚，去魚刺後切條，加蛋汁和火腿蒸。

「京料理」最高級的鱧（はも），在臺灣能找到樣子相似的為俗稱大鮎鮘的七星鱧。

火腿冬瓜

冬瓜、火腿、高湯、醬油、雞骨、豚骨適量。去皮切成四角形骨牌狀並沿著對角線切十字，用水煮沸。火腿切成細絲備用與蛋白、鹽巴混拌，塞進冬瓜中，放入高湯蒸。

八寶飯

八寶是在蒸過的糯米中放入蓮子、銀杏、冬瓜、乾柿、落花生、砂糖、肥豬肉等七種素材調製而成。

杏仁茶

杏仁茶用中國甘肅產的古桃果實，去皮磨成粉狀，以細布過濾後，加入冰糖調製而成。

這十三道菜以一乾一湯的先後順序上菜，第七道菜是點心，若只上到第七道菜稱「半席料理」，十三道菜就是「全席料理」。一如日本人的觀察，臺灣人吃宴席重在吃不在喝，剛好跟日本人吃宴席必定佐以清酒相反。所以酒在此就不以贅述。

回頭來看二〇一六年流風演變，強調創新的海島上，如何定義「臺

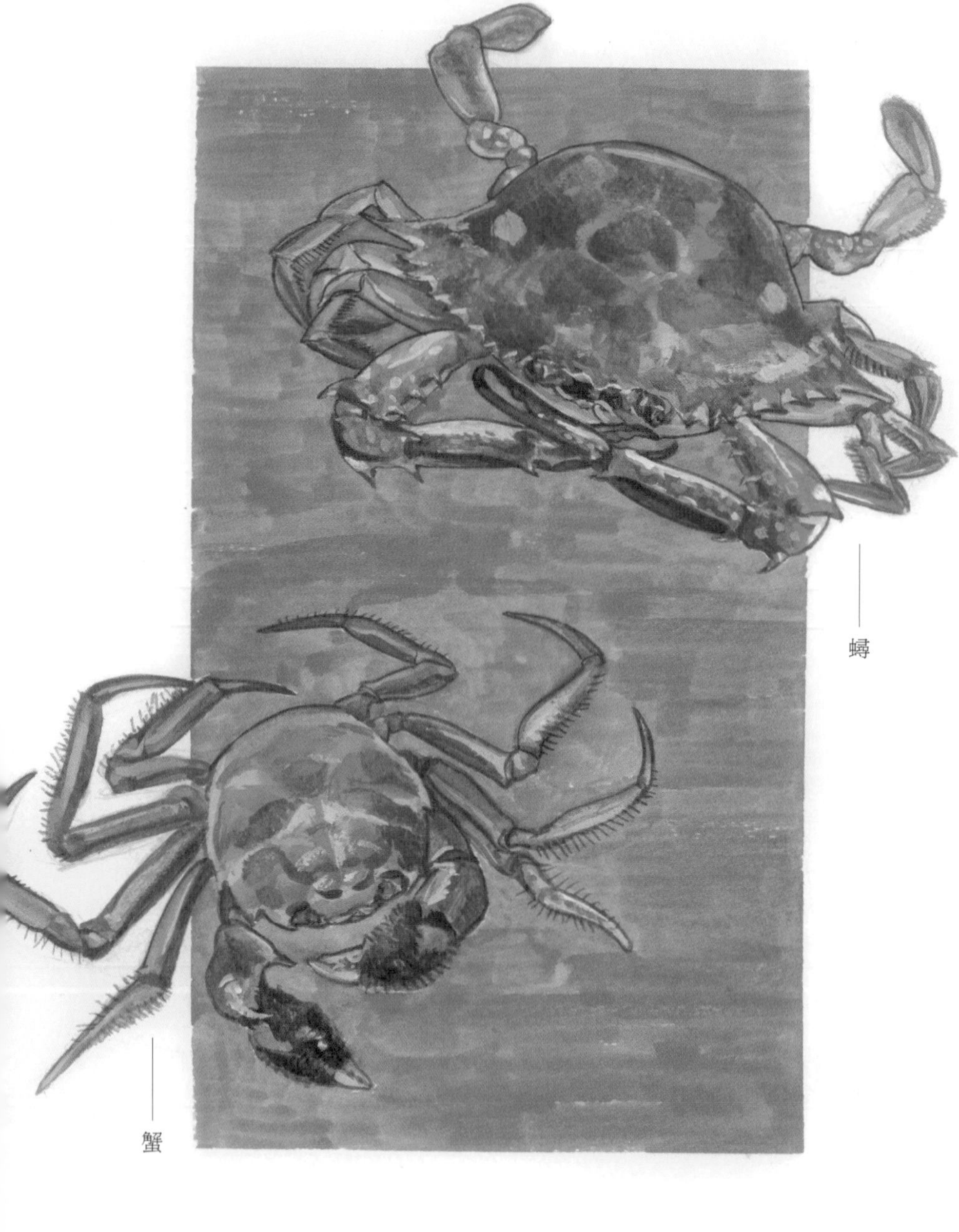
蟳
蟹

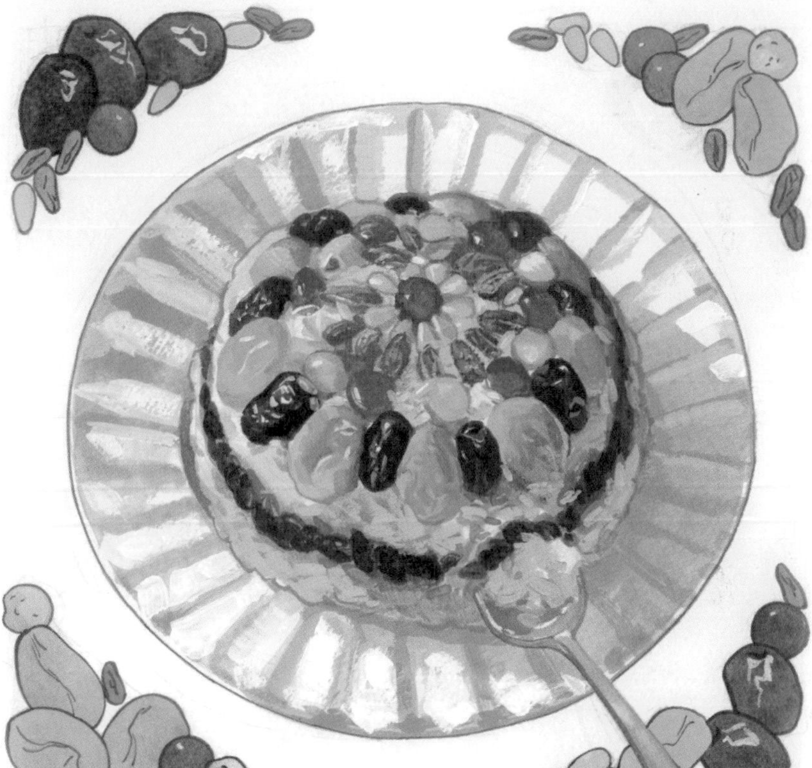

灣料理」，「在地得時」是怎麼被呈現。萬豪酒店大廚高鋼輝是香港人，拿手的是粵菜，但是他說：我已經來臺灣二十九年了，娶了臺灣老婆，我是臺灣料理人。這個團隊花了半年的時間在臺灣各地尋訪食材，顧及全島甚至澎湖，總怕掛一漏萬，從小農到具一定規模才能經營的精緻農／畜牧業，臺灣耗費精力研發培養的豬隻、雞隻，以及海產，新種肉品快樂豬，甚至是蔡英文總統親自餵養過的。而她上任面臨的第一場仗就是美豬進口的問題。這個議題從臺灣加入WTO之後就大小戰役不曾停歇，關乎國格、農民生存，以及國際往來的重要執政問題。

蔡英文跟陳建仁的五二〇就職國宴菜單：

前菜三小盤

「雲林刺蔥帝豆」、「梅汁大甲芋頭」、「醋漬木耳蓮藕」，其中木耳來自嘉義。

福爾摩沙之春

「那瑪夏鄉水蜜桃佐檸檬醋」、「新北市五股綠竹筍」、「馬祖的淡菜海鮮凍佐基隆樹梅醬」、「後龍黑羽雞」。

蔥蒜蒸龍蝦

宜蘭三星蔥、雲林西螺蒜頭、澎湖海域龍蝦。

爐烤快樂豬

雲林三源牧場快樂豬佐南投馬告。

百合有機綠時蔬

花蓮有機百合、雲林虎尾花椰菜、紫玉米、甜玉米。

樹子蒸龍膽

屏東龍膽石斑、南投破布子。

客家炒粄條

桃園復興鄉段木香菇、苗栗後龍純臺灣米製粄條。

錦繡菊花雞湯

將中華豆腐反覆縱橫切上數十刀後，其形如「菊花」，採江蘇揚州

文思豆腐的刀工雕切而成、桂丁雞，以餵養四百五十天的老母雞熬煮而成的高湯。

花園寶島繽紛盤

黑糖糕、臺南關廟金鑽鳳梨製西華飯店一口鳳梨酥、手信坊綠豆糕、南投鹿谷紅水烏龍製馬卡龍、花蓮鳳林花生牛軋糖、鹿港芝麻巧克力、嘉義林內木瓜牛奶冰淇淋、高雄燕巢珍珠芭樂、花蓮鳳林寶華西瓜、臺南關廟金鑽鳳梨，搭配臺中樹生酒莊「埔桃酒」。

餐後飲品

新竹北埔東方美人茶、雲林古坑有機咖啡。

國宴贈禮

臺酒玉山陳高瓷瓶款。

這份強調「在地得時」的菜單，隱然護持了二〇一〇年來被「食安風暴」摧殘的臺灣人與餐飲業，最重要的是臺灣人對飲食的態度，從大腸癌年年高居臺灣癌症前三名，到剛開打的小農vs.資本農業的戰爭，飲食一向是由錯綜複雜的經濟、文化、觀念，甚至是科技研發綜合因素的結果，但是新政府鄭重其事地把「食安」當作重要執政理念，引領新風潮勢不可擋。

註1. 裕仁皇太子來臺行啟的御宴內容參考《臺灣日日新報》，以及戴文心《製造歡樂的消費空間：「江山樓」及其相關書寫的文學／文化意涵》一文。

註2. 國宴料理的資料，臺北萬豪酒店提供。

第一章 詩人，映照臺灣料理的現代性

第二章 場所，從酒樓出發的文藝復興運動

第三章 從御宴到國宴，百年流轉的身影

第四章 兩蔣遺留的飲食風景，以及深入田野的家常

第五章 這是最後一次盛世光景？回不去了？知否？

第六章 兩位黑白郎君 把黑白切端上桌

兩蔣遺留的飲食風景，以及深入田野的家常

章詒和在《往事並不如煙》中記述了一段康有為的女兒康同璧教她的女兒羅儀鳳烤吐司的方法，約莫是羅儀鳳與陳婉瑩想用烤箱烤麵包，康同璧卻建議她們試著用鐵絲烤，她說：「要是有一天，妳們沒有烤箱了，也要會用鐵絲烤出一樣脆的吐司來。這才是妳們真正要學會的，而且現在就要學會。」

這大概是中國一九六六年文化大革命、反右運動之前的事了，還保有「民國式抒情」的北京自由派知識份子的情懷。羅儀鳳在一九六八年過世，腥風血雨的中國大地煙塵再也沾染不到她，而所謂民國派的知識份子卻在臺北城裡自尋懷想，建立記憶中的故國情懷。

所以臺灣的學生大概都知道梁實秋最喜歡的是獅子頭，在《雅舍談吃》中說：「獅子頭是雅舍食譜中重要的一色。」讀過林語堂在《生活的藝術》中寫道：「屈指算算生活中真正令人快樂的事物時，一個聰

明的人將會發現食是第一樣。」更不用說張大千的「大風堂食譜」，是一九七〇年之後以中國各菜系為標榜的餐館參考指標。

施叔青的《微醺彩妝》，寫的是臺灣一九八〇年代臺北工商社會生意場的故事，其中有一段提到某富豪以兩百萬拍得張大千宴請張學良夫婦的宴客菜單，在一次自家豪宅的品酒會中讓大家欣賞，並影印分發荷葉煮粥食譜給大家參考。

那份食譜是這樣子的：

材料：圓糯米半杯、蓬萊米半杯、清水七杯、荷葉一張

作法：

1. 將兩種米混合、洗淨，加水浸泡十分鐘後，移至爐上煮開，再改小火熬。

2. 將洗淨的荷葉分兩份，一份切大片，放入粥內同煮，待米粒熟爛時揀除。

3.將另半張荷葉鋪在大碗內，再將煮好的粥沖入，食用時可酌量加少許糖調味，不加亦可。

張學良是誰？那位被蔣中正壓著來臺灣，在新竹山裡背英文單字的東北大將軍，第一次看到大將軍拿著字典從A開始背單字的訪談時，還想他的英文老師是新竹女中的老師嗎？臺灣的中學生學英文大抵是這樣過來的。

這場一九八一年春節正月一日該吃的飯局，被戒嚴時期的情治系統監控拖延到元宵過一天的晚宴，也成為作家張國立小說《張大千與張學良的晚宴》的故事核心。張大千的菜單在佳士得拍賣市場上雖然不如他的荷花來得價高，但是二〇一八年三月的春拍，二十張菜單總價約三千六百萬臺幣，至於這張晚宴菜單早為科技巨賈林百里以兩百萬蒐購。

這張菜單有：「干貝鴨掌、紅油豬蹄、蒜薹臘肉、乾燒鰉翅、六一絲、蔥燒烏參、紹酒燜筍、乾燒明蝦、豆泥蒸餃」。

成名畫家的食譜當然不是一般家庭的餐桌，珍稀食材的料理方式也與日本時代酒樓的臺灣料理不同。張大千先生，中國四川人，先在中國各省遊歷，曾至敦煌臨摹壁畫，一九四九年負笈巴西旅居，一九七七年來臺定居於北投摩耶精舍。張愛辣味又嗜肉食，他的菜單看不出菜系，只能說是他融會中國各地名菜自創一爐。一本〈大千居士學廚〉的食譜，十七道菜八百多字，拍得一千零九萬元。他的菜譜多為高檔食材，翅參鮑肚自不消說，甚至有熊掌。唯一道比較清淡且常常出現在菜單上的是「六一絲」，是他巴西八德園的大廚陳建民一九六〇年慶祝他六十歲生日特別製作的菜色：綠豆芽、玉蘭苞、金針菇、韭菜黃、芹白、香菜梗，火腿絲，六素一葷的冷盤前菜。

比較起來作家林語堂的菜單就樸實多了，也比較融入臺灣社會。因為他是福建人，臺菜多源於閩菜，他自認在臺灣定居期間，是他在飲食上最為愉快的日子。從他的菜單也的確可以看出臺灣菜的日常，像是「清蒸鰻魚」到臺灣之後成為「清蒸魚片」、「廈門滷麵」看起來有點像「臺式炒麵」、「廈門薄餅」就是臺灣人清明節吃的潤餅，更不用說蚵仔煎是每個夜市都有的攤子。

潤餅皮一般家庭都會就近到菜市場購買，當然也有遠近馳名的店家，像南投草屯的宜珍齋百年老店，每天都要用掉一百公斤以上的麵粉。店家指出，所需材料就是麵粉、水和鹽，工夫全在揉麵技巧與攤麵糊的能力。潤餅每家都有自己的傳統，大部分人喜歡的是花生粉的香氣，蛋皮絲夠不夠脆，以及豆芽菜是否爽口。

蔣介石一九五〇年三月在臺灣復行視事中華民國總統，是兩百萬中國流徙之民來到島嶼的第一件大事。當時的世界，韓戰爆發，越戰開打，冷戰形成，島嶼上各國首領往來頻繁，蔣宋美齡的圓山飯店終於在一九五二年蓋成，「蔣總統國宴」華麗現身，江浙菜，上海（滬式）西餐隆重出場，風雲流變，引領潮流。

蔣中正與蔣宋美齡的國宴，一般有中西二式，最有名的那一場該是一九六〇年，當時的美國總統艾森豪帶著十億美金來臺灣，島嶼美援時代來臨。一九七〇至八〇年代的文青，都以拿著一瓶可口可樂為標準配備，美國總統來臺灣停留不到二十四小時，那一頓晚餐至今被人津津樂道的是一盤「家運昌隆享延年煙燻鯧魚」，也是圓山飯店三不五時拿出來喚起大家記憶的滬式頭盤。影響所及，臺灣人逢年過節拜祖先都要煎一條大白鯧，以示家運昌隆。

魚料理誰能比過米粉湯

國宴的鯧魚乾煎就上桌，從臺灣聞名的以各式魚類湯頭熬煮的米粉湯看來，是簡單了一點。名聞遐邇的當然首推大稻埕的「旗魚米粉湯」，最普遍的家常料理是「烏魚米粉湯」，高級一點的宴客菜「鯧魚芋頭米粉湯」，可不是每一家餐廳都有，誰叫正宗白鯧幾近斷貨呢。

在料理上，去卵之後的烏魚，稱烏魚殼，在市場上便宜賣，帶回家紅燒或煮米粉湯，是常民重要的食材。「烏魚米粉湯」是容易的料理，用麻油煸薑片和蔥段，烏魚殼煎過，再加水煮，最後放川燙過的米粉，可以當正餐也可以當點心。

從吃鯧魚說起，島嶼環海，島內河川自高山奔流而下，交錯縱橫，海產河鮮從宴席到日常，幾乎餐餐上桌。《臺灣料理之栞》裡的食譜，羹類料理十種有八種是海產類魚蝦蟳，只有紅燒雞和芋頭羹除外。

從漁獲看來，荷蘭時期收什一稅（指課徵物產價格的十分之一為稅）。這時期的漁獲以烏魚為大宗，東印度公司的文獻記載，「其卵、帶紅色，外膜厚，以鹽漬之，臺灣人視為珍品。」此時，集中於臺灣海峽的冬季捕烏魚船約三、四百艘，一年漁獲量三十五萬尾上下，估計達一百萬斤（臺灣至今仍然用荷制一斤十六兩）。也因此，東印度公司可以收到十萬斤的什一稅，對他們而言是一筆大的收入，因此，設計了一整套報關、發照申報漁獲，以及繳稅的完備制度。

鄭成功在臺灣府的建制，於捕魚工具網、罟收稅，後期直接徵漁業稅稱作「水餉」，其中建立的「烏魚旗」制度最有意思，還沿用到清領時期。冬天漁汛時期，為了徵漁稅，並防止違法捕魚，已有限制數量永續漁產的觀念。清領時期實施海禁，一切以海防安全為主，漁業法更是嚴苛。根據《鳳山縣誌》的記載，漁船需先到鳳山縣府付稅標漁旗，標得漁旗才能出海，當時有九十四支漁旗，後縮減兩支，以免過度捕撈。

日本時代自一九〇〇年起即開始水產調查，當時年產量尚不足五千公噸，一九一二年開始引進新式漁船及漁撈技術——汽船拖網、捕鯨、發動機延繩釣、鰹魚待網。到了一九二一年臺灣漁產量就高達兩萬三千三百零六公噸。配合漁業獎勵，臺灣漁業迅速發展。一九四〇年臺灣漁產量近十三萬公噸，其中海洋撈捕即約十一萬公噸，是為最高峰時期。二戰末期臺灣遭受空襲，至一九四五年戰爭結束，翌年漁獲量僅一萬六千八百六十公噸，動力漁船僅存六百九十七艘，其中遠洋漁業生產量僅六十八公噸，幾乎完全停頓。

戰後直到一九五二年漁產量才上升至十二萬一千六百九十七公噸，突破日本時代最高紀錄。包括遠洋、近海、沿岸、養殖等四大漁業，在食材上可謂豐富多變。至今，以遠洋漁獲量來看，臺灣是全球排名第二的捕撈大國。又臺灣目前有兩百多個漁港，幾乎同時有魚市場的功能，再加上養殖漁業的擴大、技術精進，臺灣的魚料理有傳承自日本時代的生魚料理，也有臺灣料理的煎、燴、煮的傳統作法，不但精緻豐富，甚至在高端美食上都自有獨特的作法。

「白鯧」，實為「銀鯧」，也叫「正鯧」，西起波斯灣，東至印尼，北端到達日本太平洋沿岸，臺灣海峽也在洄游範圍。鯧魚性喜沙泥底質的環境，多棲息在五至一百一十公尺深，潮流較為緩慢的近海水域，有依季節洄游的習性。產卵期主要在春天，隨著海底暖流的增強，牠們會成群靠近沿岸，群游於中層海域，產卵後到了秋天再游出外海。市場常見的鯧科魚共六種，以體色與外觀區分為白鯧（銀鯧）、北鯧、鏡鯧、鐮鯧、灰鯧，以及斗鯧（中國鯧），但都統稱「白鯧魚」。

由於鯧魚的名號，臺灣在農曆三大節日慣用，近年來經常缺貨，在市場上以鰺科的金鯧來替換。金鯧繁殖快速，外形和色澤都酷似白鯧，金鯧只是長得很像白鯧，並不是鯧魚。產於臺灣南部與東部海域，但以養殖魚為大宗。此外，還有體色深的黑鯧（烏鯧），外形與白鯧相像，也是鰺科魚類，營養價值高，臺灣四周海域，分布甚廣。

「鯧魚米粉芋頭湯」作為宴席菜，料理較為繁複，價格較高，是一道很體面的料理。以剛入選米其林一星的臺菜餐廳明福臺菜的料理來看，蒜苗是重要的配料。雖然各家有不同的湯底作法，但基本食材增減，差異不大。

食材：白鯧魚、米粉、芋頭、蝦米、肉絲、乾香菇、大白菜

香料：薑、蒜頭、蒜苗、香菜、白糊椒粉

作法：

1. 薑、蒜頭、蝦米、肉絲、香菇爆香。
2. 乾煎鯧魚

3. 油炸芋頭
4. 高湯煮大白菜梗、爆香香料，與芋頭
5. 置入鯧魚塊、蒜苗、白菜葉悶煮
6. 最後放川燙過的米粉再煮一分鐘
7. 起鍋前灑胡椒粉

豆腐與獅子頭

美援進駐，臺灣暫時安穩，蔣介石仍然需要隨時宣告主權，而宣揚生活安康的方式莫過於飲食起居，江浙菜館熱鬧開張，大宴小酌依隨當今喜好。臺灣一九五〇到六〇年代出生的作家開始童年憶往之後，免不了談起《國宴與家宴》（王宣一，時報），款款抒懷，撫今追昔，江浙菜仍舊是主流，雖說與遷徙有關，也是反映當年跟隨兩蔣來臺灣的統治階層，多半為江浙人。

除了兩蔣國宴可以看出江浙菜的痕跡，一九五二年之後，圓山飯店的菜單才是集江浙菜精細之處。這些菜名與食譜臺灣人並不熟悉，偶然透過電視畫面看到「總統蔣公」宴請伊朗總統巴勒維、南韓大統領朴正熙、越南總統吳廷琰，更別說把圓山飯店當自家廚房卻最愛吃永和豆漿的的新加坡總理李光耀，一生入住圓山飯店二十四次。隨著這些新聞，「紹興醉雞」、「叉燒火腿」、「雪菜肉絲」、「白菜獅子頭」、「海蔘鱠蹄膀」、「棗泥鍋餅」等名目一般人漸漸熟悉，也成為臺北江浙菜館推陳出新的來源。尤其傳說蔣夫人最愛的「紅豆鬆糕」，一九七五年她赴美到紐約長島定居之後，每年生日，圓山飯店還會空運慶生。

除了「紅豆鬆糕」，圓山飯店還有一道蔣宋美齡的最愛「口袋豆腐」。口袋豆腐呈橄欖球形，不同於慣常可見的四方形油炸臭豆腐，並以煮湯的方式料理。豆類製品的宴席菜料理在戰前並不多見，臺灣料理的食譜幾乎看不到它的蹤影，現在卻是臺灣家庭或餐廳經常備用的食

材，一來跟大量移民從中國各省帶來的各色料理有關，另一個原因是商業美食的興起，豆腐、豆乾是好用的食材。

像是早餐店幾乎會有的豆漿，也跟外省人的包子、饅頭一樣，是早餐店的組合產品，但最有趣的現象是牛肉麵店賣豆漿，光復南路的江家黃牛肉麵店就兼賣永和豆漿，知名的新豐老皮牛肉麵店的豆花、豆漿吃到飽。豆漿店開成連鎖店，甚至到中國開分店的除了永和豆漿，還有因為尹清楓命案聞名的內湖來來豆漿店。來來豆漿店就有二、三十種品項，其中一半是跟牛肉有關的食品——牛肉麵、牛肉細粉、牛肉捲餅，不一而足。

家庭膳飲由來以女人主導，但蔣家卻不只是一般家庭，士林官邸的家宴與圓山飯店的國宴一向同源，而兩位蔣夫人一位可說是美國華裔，一位是白俄羅斯人。久居上海十里洋場，所謂「滬式西餐」幾可比擬「和式洋食」，發展出自己的獨特味道：「皇家菲力牛排」、「羅宋湯」、「馬鈴薯龍蝦沙拉」，以及圓山飯店聞名遐邇的「巧克力松露蛋糕」，明星咖啡廳的「俄式軟糖」。

王宣一也在書裡說她母親也會做西餐，上海時代混了俄式和歐式風格的西餐，「其中的沙拉，混合煮熟並且切成丁的馬鈴薯、白煮蛋、胡蘿蔔、四季豆、蘋果、洋火腿、雞丁和生的小黃瓜……」，至於黃金炸豬排是到維也納旅行之後才發現自家的西式炸豬排是維也納料理，羅宋湯跟敦化北路上的一家西餐廳口味幾近相同。

圓山飯店擅長中式菜色，蔣介石最有名的西式國宴梅花餐，只有五道菜色，並不是正式的法式宴客全餐，菜單如下：

【開胃菜】西式梅花宴

【湯】鮮蝦雞尾盅

【頭盤】奶油翡翠湯

【主菜】煙燻鯧魚、皇家菲力牛排
配錫紙包烤洋芋淋酸奶油培根、玉米段、煮青花菜與胡蘿蔔

【甜點】火燒冰淇淋與咖啡或茶

看主菜的配置，或許就是影響臺灣一九六、七〇年代的西餐樣貌。

臺式西餐

中國的西洋料理起始於一八六〇年代左右的上海英法租界，隨國民黨來臺灣的移民也將上海式西餐帶到臺灣。臺灣西餐則是日本時代的產物，一八九五年的北門街就已有了「臺灣樓」，到一九〇八年冬，臺北的「鐵道飯店」開幕，臺北最高級的西洋料理華麗出場。到一九三四年

成立的波麗路西餐廳，已經是非常成熟的在地化西式料理屋，或許可以稱為臺式西餐。

從日本人一入臺就帶來西洋料理，料理人也多是日本學習西洋料理的廚師看來，日式風格的西洋料理對臺灣餐飲的影響甚鉅。尤其，在五年之內可以開數十家西洋餐廳，又突然縮減，剩下以賣輕食為主的料理屋，這必須從當時對西洋料理的定義來看。將牛奶、麵包、西式點心、餅乾、氣泡水、葡萄酒、咖啡、紅茶，以及冰淇淋，在日本時代都算是西洋菜。一九一二年以珈琲館（カフエー）為名的「獅子」（ライオン）料理店，就很像影響至今的輕食，例如，三明治、漢堡、客飯。

臺灣人對臺北鐵道旅館夢幻般的想像，現在只能從圖片以及隻字片語中透出端倪。因為即將修復完成的臺南鐵道旅館，雖然也接待過皇太子時期的昭和天皇，但還是不能滿足從建築、擺設、餐盤全部從英國訂製等紀錄所描繪的臺北鐵道旅館。鐵道旅館是日本政府官員接待貴賓、宴客的餐廳之一，也是臺灣上層階級酬酢往來的場所。但從他的廣告或是旅館介紹

看來，也有簡單的客飯，就像現在到餐廳吃套餐一樣。（如附圖）

兩份從總督府官邸的西餐晚宴菜單可以看出，自一八七三年明治維新以來，日本國宴必須採行法式料理的規定，正式場合以西式料理為時尚的潮流，也帶到臺灣來。

一九一五（大正四）年六月二十四日臺灣總督官邸晚宴菜單

【前菜】各種魚子醬

【湯】以雞肉為湯底的法式清湯

【頭盤】酒蒸鯛魚佐蝦醬

【主菜一】馬德拉酒蒸燒牛里肌肉

【蔬菜】蘆筍左起司醬

【飲料】冰凍香檳

【主菜二】蒸燒火雞肉佐火腿醬汁

【沙拉】生菜

【甜點】兩道
奶油西點、巧克力冰淇淋

TAIWAN RAILWAY HOTEL
臺北驛前 7562番
御室料....3圓・5圓
食 堂....朝1圓50錢
晝2圓30錢
夕3圓
鉄道ホテル

一九一六年（大正五年）六月二十四日臺灣總督府官邸晚宴菜單

【前菜】涼菜

【湯】牛和雞肉為湯底的青豆清湯

【頭盤】蒸燒鮮魚佐醬汁

【主菜一】紅酒燉牛里肌

【冷盤】醃嫩雞

【蔬菜】蘆筍佐醬汁

【主菜二】蒸烤鬥雞附生菜

【甜點】兩道

杏仁冰淇淋、水果

（這兩份菜單出自《手島冰次郎關係文書》，參考資料是學者陳玉箴的《日本化的西洋味：日治時期臺灣的西洋料理及臺人的消費實踐》）

相較於國宴級的西式料理，一般西洋式餐廳的價格和日式或臺灣料理的食堂差不多，並不是太貴的餐飲場所。

一九三六年《臺灣婦人界》雜誌調查臺灣的西洋料理屋，其中一家ボクン珈琲館平常除了提供簡餐，也可以幫忙宴席。宴席菜每人一圓五十錢到五圓。以一人三圓的菜單為例，菜色包含冷盤前菜、湯、鯛魚或蝦、烤牛肉、滷雞、沙拉、咖啡，麵包吃到飽。

從日本時代西洋料理的菜單看來，臺灣人吃牛肉大約也是從那時開始，比較普遍的是烤牛排和紅酒燉牛肉。紅酒燉牛肉是一道經典的法國菜，尤其是葡萄酒產區的勃根地紅酒燉牛肉，或許可以參考英國知名美食家伊莉莎白·大衛（Elizabeth David, 1913~1992）的食材，一窺這道料理的奧秘：兩磅牛肉煎肉，四盎司培根（非煙燻），大洋蔥，百里香，歐芹和月桂葉，一百二十毫升紅酒，兩湯匙橄欖油，兩百四十毫升小牛肉湯，一瓣大蒜，肉湯拌一湯匙麵粉，以半磅的小蘑菇，十幾個小洋蔥裝飾。

至今，要吃典型的臺式西餐，一是到日本時代延續至今的西餐廳波麗路，這裡最知名的是鴨子飯，是來自巴黎的名菜，一種精燉鴨子燴飯。波麗路的西餐以燉肉為主，如果要吃排餐或炭烤肉類，當推一九七五年成立的肯塔基西餐廳，炭烤牛排佐大蒜非常受到歡迎。後來佐大蒜片的臺塑牛小排，不知是否受此影響。

二〇一五年春天，大概是臺灣文化圈最痛苦的一段時光，接連走了幾位作家、藝術家，尤其是集作家與美食家一身的王宣一（一九五五年七月十五日～二〇一五年二月十五日）與韓良露（一九五八年十一月十九日～二〇一五年三月三日）。出版圈還在等待他們大顯身手，聽他們說兩千年之後第二個十年的餐飲潮流，卻發現他們早在世紀初就將回憶錄寫好了。王宣一的《國宴與家宴》細數她來自上海母親的江浙菜，韓良露是臺灣人說的「芋仔番薯」，從江蘇南通來臺的父親心心念念的是揚州菜，所以兩位美食家穿梭在臺北金山南路上的銀翼，仁愛路上的上海鄉村。以致看多了他們描述自身在東門市場裡面梭巡火腿、臘肉，應景食材的典故敍述時，都以為自己曾經在菜市場裡跟他們擦身而過。

聽過多少來自外省家庭朋友説銀翼是他們家廚房，上海隆記菜飯好油好過癮，兩三個星期要去一次打打牙祭。更別説王宣一當過臺北高級的江浙菜館亞都飯店天香樓的顧問，天香樓還復刻她知名的「紅燒牛肉麵」。

當然，不在大飯店裡卻隱身在巷弄間的名家餐館，秀蘭小館無出其右，雞湯煨豌豆，王宣一提到，雖然價格不親民，但也沒處吃這麼多層滋味的細膩了。

臺北各大飯店必定進駐江浙菜館，是餐廳的主流菜系，然而更具各自特色的尋常江浙菜館，標榜來自江浙的師傅傳統口味，才是一般人的懷想之地。

似乎來自江浙的男人善於烹調。我有兩位死黨從小在銀翼餐廳奔跑，吃一碗蔥開煨麵就滿足了，但最懷念的還是江蘇人祖父的什錦沙鍋、紅燒魚，以及常聽父親叨念自己的爸爸，也就是祖父的上海菜飯。臺灣的上海菜飯沿用青江菜，一如直接稱青江菜為青菜的上海人，原原本本搬來了臺灣。韓良露在《良露家之味》提到：「父親做的菜，其實也不是多麼了不起的……稍有名的如蒜子黃魚、黴烤肉、上海式燻魚，還有一些是餐館少見的，他自己家鄉的菜，如東臺蓮藕餅、大白菜燒豆腐、家鄉春捲、如意什錦菜，全家福等等。」

至於尋常百姓如我，每次在捷運東門站出口，那條名聞遐邇的永康街口張望時，不是飯點卻想吃小點，通常會有三種掙扎，是麗水街上江浙小館的「雪菜肉絲餛飩」，還是信義路上鼎泰豐的「肉絲蛋炒飯」，或者是永康牛肉麵館的「紅燒牛肉麵」。

根據歷史學家兼美食家逯耀東的考據，「紅燒牛肉麵」是臺灣眷村老兵的獨特發明。跟著蔣介石來臺灣的軍人中，最被明星化應該就是空軍了。岡山空軍基地自四川成都遷徙來臺，成都的辣豆瓣醬轉化成岡山豆瓣醬，是現在中國觀光客到高雄最愛的伴手禮，這個意外，想必不是兩蔣能預料得到。

關於每個人都會的蛋炒飯，最傳神還是逯耀東在一篇〈祇剩下蛋炒飯〉說得透徹，「有次在香港與朋友聚會，座上有位剛從美國來的青年朋友，經介紹後，寒暄了幾句，我就問：『府上還吃蛋炒飯嗎？』他聞之大驚道：『你怎麼知道？怎麼知道的！』這位青年朋友祖上在清朝世代官宦，祖父於清末做過不小的地方官。當年他們府上請廚師，試大師父的手藝，都以蛋炒飯與青椒炒牛肉絲驗之，合則用。那青年聞言大笑說：『我吃了這麼多年的蛋炒飯，竟不知還有這個典故。』」

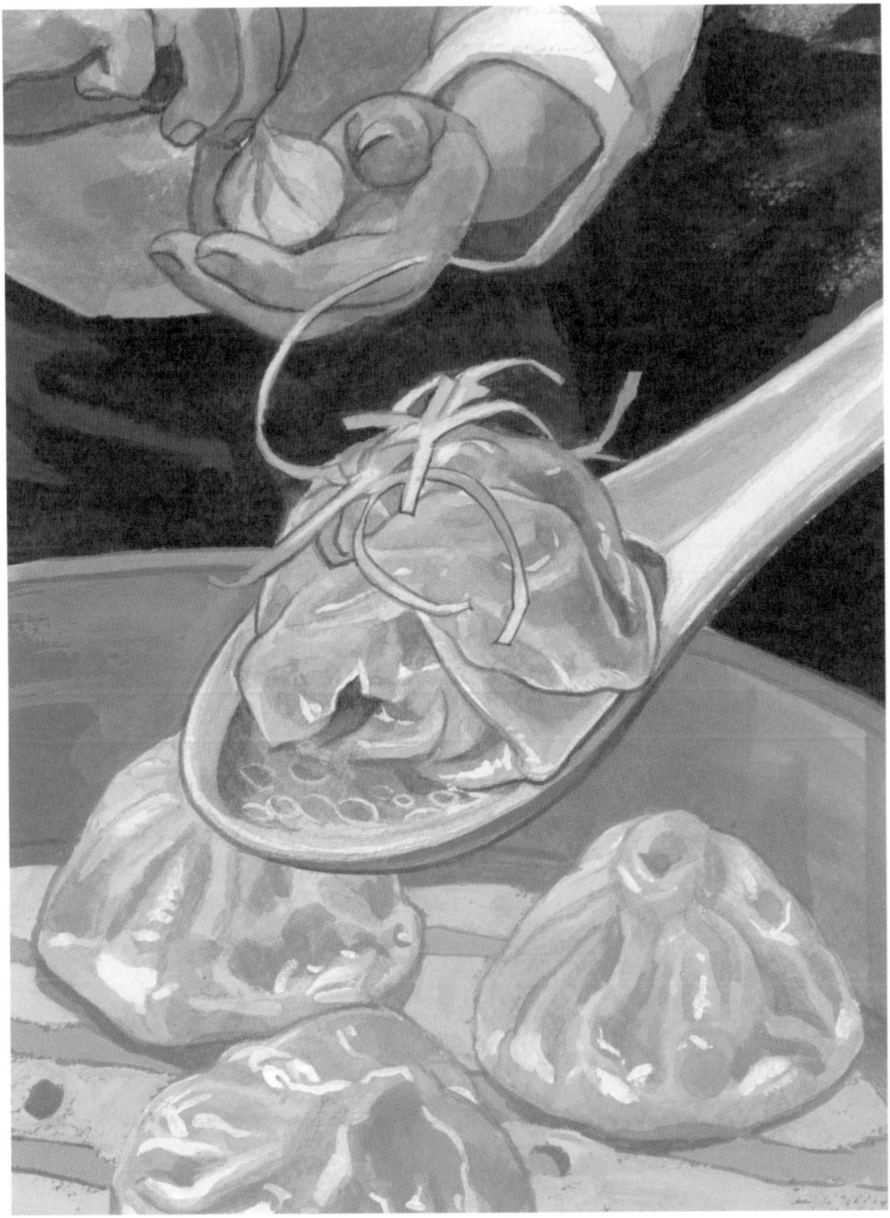

蛋炒飯，隋煬帝下揚州時帶去的「碎金飯」，根據逯耀東在這篇文章裡的考據是，「據說碎金飯，飯要顆粒分明，顆顆包有蛋黃，色似炸金，油光閃亮，如碎金閃爍，故名。……楊素嗜食的『碎金飯』，就是現在大陸揚州『菜根香』的『金鑲銀』，製法是蛋飯同炒，而以蛋裹飯，手法要快，即在蛋將凝未凝時落飯，猛火兜炒，使蛋凝於顆顆飯粒之上，黃白相映成趣，說來簡單，做起來卻不容易。蛋炒飯再配其他佐料，就成為廣東菜館的揚州炒飯。廣東館子出售淮揚菜系的揚州炒飯是非常有趣的事。」而兩蔣的國宴，必定以「揚州炒飯」作收。

鼎泰豐以小籠包聞名於世，最為老饕稱道的卻是「肉絲蛋炒飯」。以製油起家的鼎泰豐，醬油堪稱一絕，在還沒被消費者投訴成為新聞炒作議題時，在店裡吃蛋炒飯加醬油要多加五十元，但是大家還是願意加一些。

一九四九年跟著蔣介石大遷徙的兩百萬人，在臺灣各有不同的處境，但是「家鄉味」牽引鄉愁記憶，追憶懷想的飲食情懷，隨人點滴心頭，不管是統治階層，還是無奈流徙的一般士兵軍眷。甚至，深入一般臺灣人家裡，我家的白菜滷必定加肉丸子，是不是跟揚州獅子頭很像？

談獅子頭更是各家有各的法門，文學性最高的當然是梁實秋在《雅舍談吃》中的〈獅子頭〉一篇，「北方飯莊稱之為四喜丸子，因為一盤四個。北方作法不及揚州獅子頭遠甚。……首先取材要精。細嫩豬肉一大塊，七分瘦三分肥，不可有些須筋絡糾結於其間。切割之際最要注意，不可切得七歪八斜，亦不可剁成碎泥，其秘訣是多切少斬，挨着刀切成碎丁，越碎越好，然後略為斬剁。」處理食材是料理最基本的第一道工序，有人喜歡炸過再蒸，有人直接蒸熟。至於芡粉，梁實秋說抹在手上即可，但我認為一點都不需要芡粉，因為肉自有黏性，摔肉摔得好，不需要其他介質也會緊實。甚至，我喜歡加剁碎的荸薺，吃起來脆脆的、咬下會有聲響，當然湯汁一定要用高湯熬大白菜，才夠味道。

第五章

這是最後一次盛世光景？回不去了？知否？

這是最後一次盛世光景？回不去了？知否？

一九九六年三月二十八日臺北第一條捷運木柵線通車，再過一個多月，臺灣第一任民選總統李登輝就要在五月二十日就職，全臺沸騰。在此之前，李登輝已經當了八年的臺灣總統，他在一九八八年接替蔣經國主持臺灣政局，但對臺灣人來說，這八年來是他們情緒最高昂，物質生活最富裕的年代。一九九〇年臺北股市第一次衝破萬點，房地產市值節節升高，當年對臺灣抱持悲觀態度賣掉房子移民的人，把澳洲雪梨的房子賣掉也買不回敦化南路的房子。

富裕的光景從繁華落盡後的傳說聽來最為令人嘆息，這在作家施叔青描寫臺灣喝紅酒的盛世小說《微醺彩妝》中頗多著墨：「採訪主任壓低聲音，向呂之翔解釋王宏文正在給酒做 Decanting，把這瓶七八年的 Romanée-conti，勃根第的極品紅酒倒入水晶瓶換瓶，現在正在醒酒。」一段情節需要研究好幾個跟紅酒有關的專有名詞，以及學會說繞口的、連翻譯都不容易的法國地名，在當時的名流圈卻朗朗上口。據說對喝酒有自己見解的李登輝總統，宴客堅持自己搭配酒與菜，誰都不能亂了次序。他最喜歡波爾多的 Chateau Haut-Brion，不知與他（副總統是連戰）的就職國宴（御品宴之金冠）合不合：龍蝦沙拉、一品排翅、海鮮金冠餃、蠔皇鮮麻鮑、蘆筍鮮干貝、黑椒牛柳條、鳳梨雞球、蘑菇石斑魚、蓮蓉酥餃、椰汁凍糕、四季水果。

這份菜單讓人憶起一九二三年四月二十四日的皇太子御宴菜單，又回到了「翅參鮑肚」粵菜極品轉化成的「臺灣料理」。我認為到目前為止臺灣有兩段盛世光景，一段是日治時代的一九二〇～三〇年代，再來就是一九八六年之後到公元二〇〇〇年。地景以每個月更新的速度迭換，人們用往來酬酢、頻繁進出國門展現自己是世界公民。新事物一樁接一樁，最能彰顯豪奢的飲食酬酢，令人大開眼界。

不含酒品的十一道菜，比完席料理少了兩道菜，也不是每道菜都以高檔食材來料理，但是排翅、鮑魚，與當時的石斑魚，都能顯出豪氣，一掃蔣經國梅花餐的刻意樸實。

然而，現在謹慎的魚翅鮑魚餐廳都需要有這樣的標示：

> 本餐廳魚翅來源依造行政院農委會漁字第 1031346594A 號公告事項，捕獲漁船符合下列規定：
>
> 登錄於中西太平洋漁業委員會（WCPFC）、美洲熱帶鮪類委員會（IATTC）、印度洋鮪類委員會（IOTC）、大西洋鮪類保育委員會（ICCAT）或南方黑鮪保育委員會（CCSBT）（以下簡稱 RFMOs）作業漁船名單。
>
> 使用魚翅為非保育類之「水鯊」、「黑鯊」，在容許一定期限內，仍可採取「鰭身比不得大於 5%」及「鯊魚鰭綁附於鯊魚身（簡稱鰭綁身）」之規範。

說明魚翅是保育類的食材，餐廳在符合法令的範圍內提供飲宴，甚

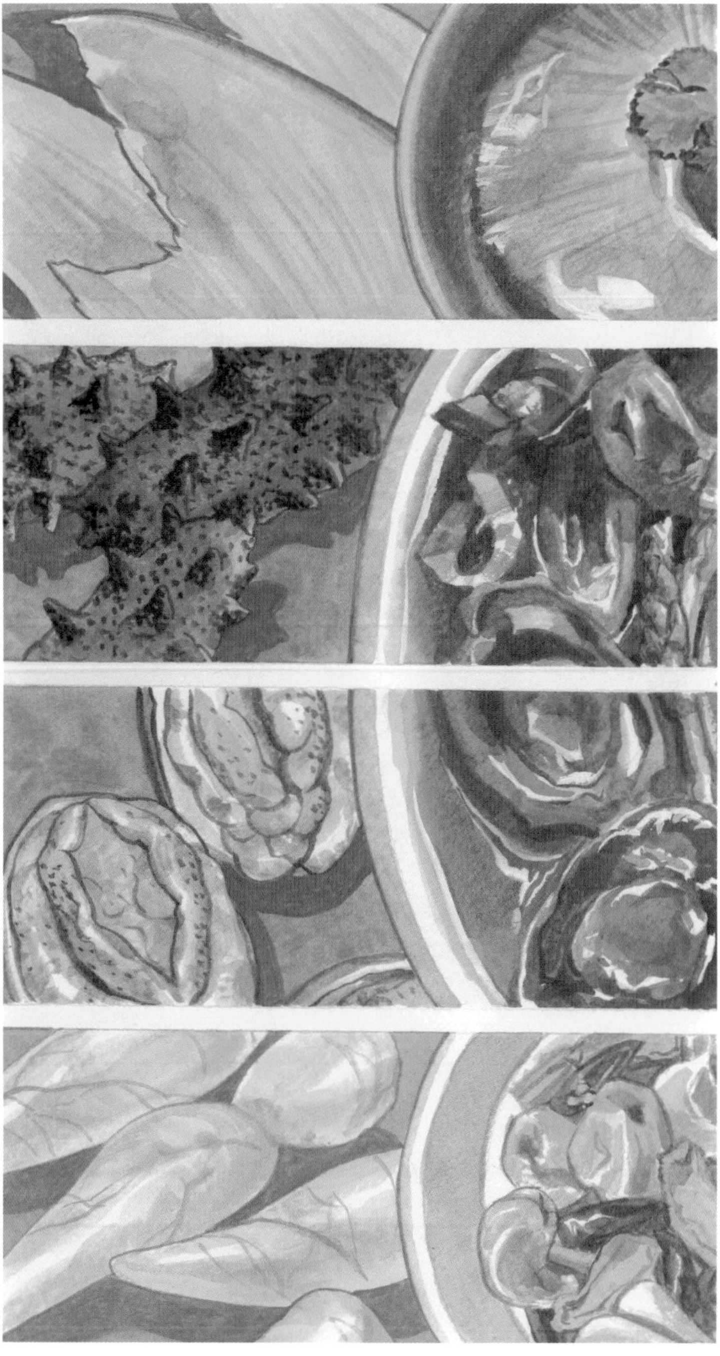

至國際級的五星級飯店會標榜不使用魚翅。至於鮑魚，國際新聞曾有「南非開普敦發生一起華人槍擊案件……」相關報導。這是全球關注的走私鮑魚、鮑魚黑貨，一宗華人嗜吃鮑魚形成的大生意，所引來的非法事件。

「翅參鮑肚」是魚翅、海參、鮑魚、魚肚（魚鰾，花膠），這四樣食材是喜歡煲湯的粵菜豪奢的表現，以引進粵菜名廚為時尚的臺灣酒樓餐廳，也必備幾款煲湯，從日本時代的四大酒樓到一九六〇、七〇年代的酒家菜，一桌必定有兩盅以上的煲湯。

魚翅清湯、海參清湯、鮑魚清湯都算尋常，比較特別的反而是「肚」，貴賤相差極大。「肚」是指魚鰾，是魚類在水中維持平衡作用的器官，魚肚子裡的一顆氣囊。在食材上，嚴格說來並不能說魚肚（鰾）就是花膠，花膠是指難得的魚鰾食材，因為製作魚鰾要經過曬製過程，體積因而縮小，因此，一般大型魚的魚鰾才有製作的價值，目前花膠的種類超過一百種，最廣為人知的花膠包括鰵魚膠、扎膠和筒膠。

鰵魚又稱黃唇魚，產於中國長江以南到珠江三角洲沿海的深海魚，有「花膠之王」的稱號，每公斤要價可以高達六萬元。扎膠產於中南美洲太平洋海域的大黃花魚和大白魚，魚鰾形狀狹長較窄，又名窄膠，價格相對便宜，約一萬二千元上下。筒膠又稱鴨泡肚，來自非洲及中美洲水域棲息的鱸魚，是現時市場上較常見者，價格與扎膠差不離多。其餘還有鮸魚肚、鰻魚鰾，也是比較高檔的花膠。

花膠有分公、母，公肚條紋較淺，肚身結實且較厚，呈半透明金黃色最佳，母肚則是條紋明顯且深。在形狀上又分廣肚與札肚，臺灣的餐廳喜歡用廣肚，食材主要來自印度、巴基斯坦、紐西蘭海域，兩種在泡發後均呈奶白或淡黃色。花膠是高檔食材，魚鰾卻是在夜市就能吃到的臺灣特色料理，尤其「麻油烏魚鰾」一盤從五百元到一千五百元，也是要靠運氣才能吃到季節料理。

夜市、海產店的烏魚鰾是內行人吃氣味的私房菜，餐廳端出花膠也是饕客展現飲食知識的一種方式，最普遍的是「花膠菇湯」。

花膠菇湯：

材料：花膠、大顆花菇、雞高湯、筍片、火腿

作法：先以老母雞高湯煨過花膠，再加入花菇、筍片、火腿，以高湯燉煮。

中國八大菜系雖然粵菜形成得晚，卻是影響臺灣料理的宴席菜最深遠。從一九二〇年代的餐飲名店善於啟用廣州廚師起，臺灣粵菜大廚一直與廣東的潮汕、香港脫不了關係，至今仍標榜從香港找大廚來駐店為號召。臺灣總督府民政長官後藤新平有一首詩名〈詠江山樓〉，其詞云：「稻江雲水好留連，樓閣笙歌樂快然。多少風流佳子弟，春風醉臥萬華天。」已經回到東京內閣的後藤新平偶爾來臺灣一趟，還是要到江山樓吟詠舊日情懷。然而江山樓除了文人氣最被稱道之外，精緻的「臺灣料理」讓人情之所鍾。吳江山從開辦江山樓起就走遍中國幾大菜系，川菜、粵菜大廚更是他搜羅的對象；從廣州邀來大廚洪連魚，擔任主廚吳添祐的助手為皇太子御宴操持，名動一時。

臺灣知名的粵菜餐廳不少，高雄漢來酒店粵菜名人坊的米其林二星鄭錦富是香港米其林餐廳，以大廚命名的餐點向來只有粵菜與港廚，一部《食神》二十年來說出粵菜精髓無出其右，就像廚神大賽裡的這一段情節：

史提芬周：其實烹飪之道，最重要的就是……（拿些材料在天空中劃最後劃出個「心」字）

史提芬周：這道「彩虹鮮花拔絲」，是我送給大家的一道甜品。

司儀：哇！是個心字！

史提芬周：沒錯，只要有心，人人都可以燒出一道好菜！

楊震天：（吃了一口）好好吃呀！

司儀：他高傲，但宅心仁厚；他低調，但受萬人景仰；他可以將神賜給人類的火運用得出神入化，可以煮出堪稱火之藝術的超級菜式！他究竟是神仙的化身，還是地獄來的使者呢？沒人知道，但可以肯定的是，每個人都給他一個稱號——the 食神！

大廚將天九翅紅燒不稀奇，能夠用一顆十元的雞蛋乾炒才叫功夫。雞湯煨九孔鮑雖然奢華，但是臺灣黑白切小吃店的「車輪牌罐頭鮑魚沙拉」才是我們的鄉愁。臺灣文化圈的寫作家族，鹿港施家兩姐妹，幾乎每本作品都離不開膳飲的李昂（施淑端）在《鴛鴦春膳》中有一篇〈果子狸與穿山甲〉，描述追求味蕾極致的父親如何整治野味，「於他的童年到少女時期，在鹿城以嗜吃更愛到四處尋覓美食聞名的父親展現了對『野味』的偏好，還開始動手自己烹煮。」

初看這篇小說對我來說真是折磨，果子狸、穿山甲、鱉、狗我家都養過，看蛇盤旋在屋後菜園對我也不陌生，久了就像朋友一樣不敢動口，雖然探頭探腦看過叔叔殺蛇殺蛙、姑丈殺兔子，但是真要吃一口還是不敢。野兔大餐在法式料理是鄉村菜的極品，一九二〇年代最負盛名的巴黎沙龍主人葛楚・史坦因與她的女友愛莉絲・托克林的藝文圈食譜，說得最多最詳細的就是野兔料理。

原來仕紳名媛吃野味是一種人生情調，就像偶然會看見李登輝去最愛的北投與蓬萊餐廳吃「羊奶脯雞湯」養生，三芝山上的興隆海產餐廳吃白斬雞。羊奶脯又稱羊奶頭，一種傳說中吃了能強身健骨疏通血路的中藥草，臺灣的歐吉桑最是喜歡。至於白斬雞是臺灣人展現自己品味、獨門武器的最佳一道菜不為過，雞肉在二〇一六年的五二〇國宴，被推到一種生產食材的至高的境界。

獵奇是一種天性，唯有生活在太平盛世才有的閒情逸致，尤其是太平盛世裡有餘裕的大少爺；「因著父親的關係，她在童小時看過宰殺也遍吃穿山甲、果子狸、伯勞鳥、狗、青蛙、海鰻與猴子等等這些『野味』。她還是一直以為，她在童小時備受家人疼愛、家境良好物質無缺、自身多才多藝功課名列前茅。」（《鴛鴦春膳》）看到這一段時我還以為每個臺灣人的童年都是這樣與「野味」一同成長。

認真追溯起來，野味才是廣東人追求膳飲的極致表現，連蘇東坡都不能免。公元一〇五八年，大文豪從流放泗州開始一路被貶，直到廣東惠州擴展了他的野味生涯，雖然苦中作樂，但也要展現中國文人一貫「治大國

若烹小鮮」（老子《道德經》）的風範，教當地人如何整治土食。他在西湖畔的一道東坡肉至今是江浙菜的經典，但是最讓他掛念的卻是「日啖荔枝三百顆，不辭常作嶺南人」（〈惠州一絕〉）。他整治地方風土與致沖沖，寫一首詩給同樣被貶的弟弟蘇徹，不但每一頓飯都是，「土人頓頓食薯芋，間以薰鼠燒蝙蝠。」每天都有人送各式蜜漬蜈蚣、蛤蟆，所以「人言天下無正味，蝍蛆未遽賢麋鹿。」他的愛妾王朝雲葬於惠州，傳聞是把蛇當河鮮鱸鰻吃了中毒，這對嗜食海河鮮的蘇東坡來說，真是情何以堪。

嶺南多山，捉捕野味千奇百怪，又有文人雅士把整治山產河鮮當作情趣，對多從閩南、廣東移民來臺的閩南、客家人，記憶裡落地追風土的情懷，未嘗稍歇。臺灣燉野味比較普通，甚至可以在餐廳點的是炒螺肉（蝸牛）、田雞（青蛙），以及蛇。

臺語稱日本人一九四二年引進的非洲大蝸牛為「露螺」，一般都為野生，蝸牛去殼、去內臟，只剩黑色頭部，用明礬清洗後，就是俗稱的「露螺肉」，簡稱「螺肉」。料理的方法是加九層塔、薑絲，以沙拉油大火快炒，再用醬油悶煮一會，是海產店、熱炒店的常備點菜。

田雞與蛇在中藥的藥理上有清熱的功能，樸素的使用方法就是清燉，據說可以治褥瘡，清熱解毒，因溽熱難解的癰、瘡等疑難雜症，最後治療的食方。田雞也有稱水蛙，歸綏街上佇立將近七十年的「水蛙園」是一家福州菜館，創店老闆是江山樓結束後自行創業的廚師黃炳森。他跟著福州菜大廚學習，店內有知名的繼光餅、紅糟料理、炒意麵，當然招牌是一缸一缸養殖的水蛙料理。清湯、紅燒、三杯任君選擇，口感似嫩雞腿肉，細緻是一大特點。店面小擺不下太多張桌子，又有魚缸，客人多時，桌子擺到了騎樓下，我每次都要閃避而過，因為怕看到跳來跳去的水蛙。倒是〈望春風〉的作詞人李臨秋在世時是常客。

蛇肉遠近馳名的是萬華華西街夜市，有蛇街之稱，一個讓外來者獵奇的場所。

一九九〇年代三次股市破萬點，從股市大亨往來交錯的南京東路上，一家緊接一家的「一代佳人」系列酒店，白天在系辦討論學運戰略

晚上去當泊車小弟的男同學起手一向大方，系辦啤酒汽水從來不缺，因為他們很神氣的說小費收都收不完。

然而一九九〇年從全球視野來看大環境，世界局勢動盪，波斯灣戰爭開打，經濟陷入世界性的危機。然而這個島嶼似乎一直處於這樣的境地，全球環境愈差，臺灣就愈蓬勃，一九三〇年代如此，一九九〇年代也是這樣。我還記得我們這一群解嚴後上大學的女生，學期中參與學運，環島下田野；寒暑假去美國、歐陸當交換學生，畢業後拿著爸媽的教育費，出國念書，自助旅行，想像當年在歐洲自助旅行的亞洲女生，只有日本、臺灣以及香港人。男生就比較悲苦一點，他們還有兩年的兵役，不能隨便出國，除了讀書會和社團，去南京東路一代佳人系列酒店打工，見識燈紅酒綠，提早學會辨認波爾多或是來自勃根地的紅酒、干邑白蘭地、威士忌的威力；或許是這樣才成就了臺灣學運世代的傳統，執過大纛回到平凡，吃過「翅參鮑肚」，才知道回歸田園吃野味的滋潤。

這群在臺灣被稱為五年級學運世代的一群人，都已是五十幾歲的年紀，繁華落盡後，大部分的人還是喜歡臺灣隨處可見的黑白切小吃店。

酒家菜也要落入尋常百姓家

在我開始搭臺北捷運之前，對東京、倫敦、巴黎、紐約的地鐵已經很熟悉了，滿清楚搭捷運就是要走長長的路，拐過大街小巷沿路看風景，才能達到目的。剛開始搭木柵線我必須在南京東路站下車轉搭306公車回到大稻埕，過了一年淡水線通車，在中山站或雙連站下車，就直接走回家。在中山站出捷運沿著南京西路到圓環，有時候轉走重慶北路，有時候會多走一個街口到延平北路。若是走延平北路就會看到黑美人、五月花、東雲閣、杏花閣，那是我看得到的招牌，就在四、五十年前，招牌未更替時，旗樓依舊招展，想必還可以遇見坐在三輪車上的藝妲，走過繁華將盡的樓臺歌榭。

我印象最深的是黑美人大酒家，招牌特別顯眼，在二〇〇七年被認證為市定古蹟，據説是因為前現代主義風格的山牆保留完整，有見證一九三〇年代歷史建築的價值，以及鄰近二二八事件發生的地點「天馬茶房」。黑美人所在的場所最早是一九三一年楊三郎的哥哥楊承基在此開設大稻埕第一家咖啡店「維特珈琲店」（Cafe Werther），也是臺灣人開的第一家咖啡店。維特之所以重要，在於因生意清淡結束後，店裡的員工廖水來開設「波麗露西餐廳」是臺灣美術年展的重要場所，王井泉的「山水亭」號稱是當時藝文圈的梁山泊，至於「天馬茶房」就是演劇圈的重要表演場地。

被列為市定古蹟的場所稱作「萬里紅公共食堂」，是用戰後開張的「萬里洪大酒家」的名字，因為國共對立，又改名「all beauty」一九六〇年代才稱作「黑美人大酒家」。

除了大稻埕的酒家，臺灣一九六〇年代的酒家菜多半傳承自蓬萊閣，北投、天母一區金蓬萊、興蓬萊最初專門提供溫泉區的溫泉餐廳招待客人。戰後，臺灣與日本的經濟關係仍舊往來密切，在一九六〇、七

年代達到高峰，來臺灣的日本生意人，絡繹不絕，王禎和的《莎呦娜啦，再見》就是描述這類場景的文學代表作。

酒家菜最知名的是湯鍋：魷魚螺肉蒜鍋、瓜仔雞鍋、番茄肉醬排骨鍋，都是經典菜色。這些菜有個特點，必須加上罐頭食品調味、燉煮，「廣達香」不辣肉醬、「日光」花瓜，從雙鳳牌蠑螺罐頭到南海牌螺肉，鐵罐頭上還要畫一隻蝸牛，雙美人醬油膏，以及見證臺灣罐頭產業興盛的鳳梨、洋菇、草菇、白蘆筍、水蜜桃、青豆仁各式罐頭，有一位同學的媽媽提到，小時候發燒就可以得一罐鳳梨罐頭，還覺得自己燒得很值得。

鳳梨罐頭是最家常的用料，小孩喜歡鳳梨蝦球，大人愛吃鳳梨苦瓜雞湯，鳳梨糖醋排骨，黑木耳鳳梨是一道養生潤腸的菜色。

鳳梨苦瓜雞湯：

材料：土雞一隻、新鮮鳳梨、蔭鳳梨罐頭（加黃豆蔭）、苦瓜、乾香菇、小魚乾作法：

1. 土雞剁塊，汆燙去血水。香菇泡開。

2. 一鍋水煮開，將所有食材放入，至雞肉軟爛即可是鹹甜，斟酌加鹽。

酒家菜最引人入勝的該是魷魚螺肉蒜鍋，這道菜通常在二次會時出現，因為以飲酒為主，桌上的食物要能放置，以鍋物最佳，且要耐煮不失味道，這一鍋完全符合這樣的條件。

魷魚螺肉蒜鍋：

食材：乾魷魚、螺肉罐頭、子排或帶骨里肌、乾燥蝦仁、乾香菇、新鮮竹筍、蒜苗、蒜頭

調味料：雞高湯、酒、鹽

作法：

1. 魷魚、蝦仁、香菇，泡開。魷魚大約要泡一天

2.排骨汆燙

3.竹筍去殼切片、蒜苗切段、蒜頭拍碎去外皮、泡過魷魚乾切絲

4.熱油鍋，加鹽巴，爆香蒜頭、魷魚、蝦仁、香菇、蒜白

5.撈起，置入雞高湯鍋，再放進排骨、螺肉、筍片

6.排骨熟透，再加青蒜苗、淋一點酒，試味道

7.可以盛碗，端上桌，也可以桌上繼續煮，邊吃

酒家菜最能見證臺灣工商社會興起，歸綏街的意麵王開始發達，就是到第一劇場看完電影再去吃個紅豆薏仁牛奶冰，或是看電影前先去吃麵墊肚子。臺灣的罐頭工業起得很早，直追發明罐頭的法國人，甚至在一九二八年，鳳梨罐頭出口成為世界第一。

我最喜歡的一則故事是在我每天都要經過的「鳳梨大樓」。重慶北路保安街口現在是星巴克的位置，是臺灣鳳梨工業第一人葉金塗宅。

泰

一九二七年蓋的豪宅上面刻有「泰」字與鳳梨浮雕，落成典禮開放三天供人參觀。「泰」是代表「金泰亨商行」，葉金塗一九〇〇年開始在大稻埕從事海產貿易，後來有「泰芳商會」在高雄九曲堂栽植鳳梨並做罐頭加工，經營幾年就已是全球最大、出口最多的鳳梨罐頭公司。

鳳梨罐頭的趣聞聽過當地耆老說過一個太平洋戰爭的故事。戰爭開始，日本海軍為了提振士氣，獎勵的方式是只要能打下一架美軍飛機，就可以得到一罐鳳梨罐頭。有一次，載運鳳梨罐頭的船被擊沈，鳳梨罐頭補給不足，軍人意興闌珊，甚至導致戰力不佳。珍珠港事件那一年，鳳梨罐頭出現包裝不良，腐敗不潔，導致海軍腹痛如絞，大大打擊士氣，也是戰力連續落敗的原因。當然這只是老人的臆想。

另一則是臺灣風俗中喪禮的罐頭塔的由來，卻也跟葉金塗的喪禮有關，一九四五年陳儀代表國民黨來臺接收，據聞葉金塗跟他談判九曲堂的鳳梨產業時，被他氣到心臟病發作身亡，親友為了紀念他，喪禮在重慶北路上用鳳梨罐頭搭了好幾座罐頭塔，自此，臺灣人的喪禮有了搭罐頭塔的習俗。

到了一九八〇年代末至九〇年代，生意人的往來酬酢換到了南京東路現代化時尚酒店，餐飲已不重餐在飲，先是白蘭地，紅酒，再到威士忌，又是另一番風景。

第六章

兩位黑白郎君 把黑白切端上桌

第六章

兩位黑白郎君把黑白切端上桌

我常在熱鬧的氛圍裡退回自己的天地，因此常把一九九八年北平東路的敗選之夜跟二〇〇〇年民生東路的大選之夜搞混；總要想一下才會記起，當然，這是從阿扁總統的角度來看，九八年市長敗選之夜是去寧夏夜市吃豬肝湯，早早回到家才接到一位外省同事的電話，問要不要去他家吃士林夜市的花枝羹跟臭豆腐，因為他爸媽太高興了，「故意」買宵夜送去他家。他強調他爸媽是故意去氣他的，因為他住在士東高級住宅區的父母，大概是這輩子第一次跑到臺灣人三不五時要去打牙祭的夜市，我好像還在恍神中回了一句；「外省人不吃夜市的啊。」

其實，我這個本省人也不常去夜市，我家沒有外食習慣，逛夜市不是我的活動。但是二〇〇〇年那一夜，當然，指的是臺灣第一次政黨輪替，已過了午夜十二點，我獨自一人從民生東路走到民生西路，沿路的商家幾乎都還沒關門休息。過了承德路發現經常早早關門的阿國黑白切竟然還在排隊，寧夏夜市更是擠得水洩不通，人滿為患。再走兩個路口我就可以到家，卻在靜修女中的騎樓邊站了好一會，腦筋一片空白，一下子想去吃蚵仔煎，一下子想過個馬路去海產店吃虱目魚粥，再往前走一點是當時的總統李登輝先生的阿爸最喜歡的帝一火鍋店，排隊排到圓環邊。

黑白切是什麼？臺灣的小吃店／攤通常都會在門口擺一個玻璃櫃，裡面是煮熟的豬內臟、鴨胗、雞胗，或放一些涼筍、川燙過的韭菜。因為很少外食，每次站在玻璃櫃前都會想，水煮的東西有什麼好吃？後來才知道，秘密在於每一家黑白切都會發展出自己的蘸醬。一般都是醬油、辣椒、蔥、香菜調配而成，而端出來的黑白切低下都鋪一層厚厚的薑絲，那是我最討厭的部分。直到後來我興起吃嘴邊肉蘸老闆調製的獨門秘方醬油，才會夾一兩根薑絲沾醬油，看看是什麼味道。

轉換成外省人的麵店／攤，不論是陽春麵、牛肉麵或是水餃，玻璃櫃裡的黑白切變成了滷味，一般是滷牛肉、牛腱、牛肚、花干、豆乾、

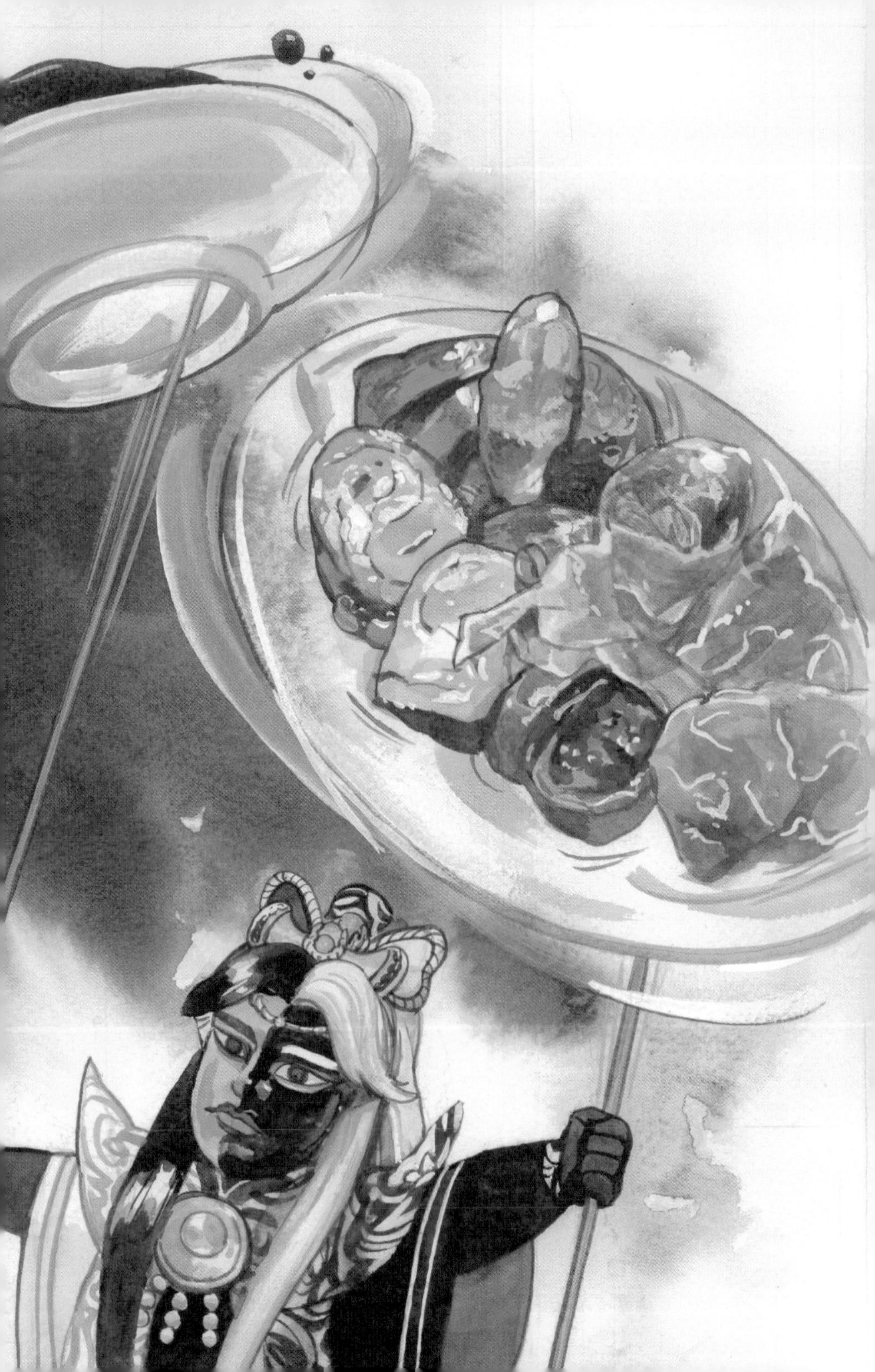

豆皮……講究一點的有涼拌小黃瓜跟辣椒小魚乾。標榜福州傻瓜乾麵的會有紅糟肉，魚皮，重點在福州魚丸湯看當天心情加不加蛋。四川擔擔麵會有紅油抄手、餛飩湯，以及泡菜跟麻油拌豆芽。

臺北萬華、大同區是阿扁的鐵票區。一九九八年我已經離開《新新聞周報》到出版社工作，在那工作時，每逢選舉年都會玩一個遊戲，全公司都可以參加的「猜猜看誰當選」，獎品非常豐富精美。第一名通常是瑞士錶或者日本精工牌手錶，結果經常是我這個不跑新聞的出版部編輯猜得最準，印象中幫我爸拿了好幾支名牌錶。離開雜誌社，我好像變遲鈍了，臺北市長開票那一晚，突然有點焦慮，打電話回公司問做選舉特刊的同事狀況如何？還在編輯檯上奮戰的同事說，很安靜，只有老總剛才丟了一支原子筆，吐出一句話，「連萬華都只有小贏。」早就聽說馬英九特別重視萬華區，常常去吃福州魚丸湯，我納悶，「外省人不是吃餛飩湯嗎？」後來，他果然讓木柵興隆市場的水餃、餛飩變成名點。

丸子湯，肉丸與魚丸

對於連國宴都能擺上桌的湯品，該如何看待著實困擾了我。畢竟貢丸、魚丸、燕丸，不論哪一種丸子湯，雖不至於天天吃，但也是經常吃的食物。

魚丸種類繁多，各地方都有代表性的丸子：淡水鯊魚丸，南方澳鬼頭刀魚丸，臺南虱目魚丸，高雄旗魚丸，澎湖花枝丸。

不妨從臺南的丸子湯説起。佳里的吳新榮醫師，那個世代的典型文青，看診告一段落就會到西市場吃下午茶，或相約朋友聊天，看電影。他在一九四七年一月十四日，二二八前夕還有餘暇心情時記下：

昨夜乘尾班汽車到臺南，車中遇陳穿、吳天梓兩君。抵南後同到世界大餐廳（夜市）食鱔魚米粉、當歸鴨、春餅、魚丸湯、米羔〔糕〕等。後訪黃百祿君照約同乘夜行快車上北。

到中山堂文化協進會訪蘇新君。而遇協進會幹部定期會合，除陳紹馨君外，楊雲萍、許乃昌、王白淵、蘇新、陳文彬諸君皆至。在此開了一場快談雅論。聞郭沫若兩公子將來訪，但未來時，我即和蘇新、陳文彬兩君訪市立眼科醫院長郭水泉同學。別了他們，即和百祿、新、炭三君赴新中華大酒家受石錫純君之招待。

這一天他的行程很滿，在臺南大啖一頓後，去臺北也吃了一頓，不過已從山水亭換到了大中華酒家，公會堂也改名中山堂文化協進會。

到了一月三十一日，他的日記已是：

米一斗已突破三百元了，連鱝〔鯽〕仔一斤也要七、八十元。我們已實行二分蕃薯一分米的生活，恐怕不久連一分米也吃不起。糧慌〔荒〕以外又加疫病流行，如未曾見過的天花，佳里在地也已經發現兩三名了，我們在這兩三日每日都種痘忙過。

二月二十日：

昨日以來的烈風，寒冷可驚人。我們第一恐怕活仔魚苗受冷害，第二恐怕蕃薯受霜害。因為養魚業是我們唯一的副業，可算做生命線。又如園面受了霜害，恐這樣糧慌〔荒〕更成嚴重。我們已自前日實行食蕃薯籤了，因為自少有練就，這樣三頓也近美食。但是米已起過四百元，魚已過百元了。這樣危機，本國更加厲害，恐怕波及至為政治危機也未可料。

雖然不確定他吃的是不是虱目魚丸湯，但從一九四七年二月之前的日記看來，幾乎每個月都會去西市場吃他最喜歡的當歸鴨、鱔魚炒米粉，以及魚丸湯。自二二八事件之後，他當年五、六、七三個月停筆百日，因為他的父親被抓，奔走營救直到出獄，他提及再寫吃喝，就會傷及他人感情。

虱目魚多刺，密密麻麻的刺，有句話說除非是臺南小孩，千萬別讓他吃帶刺虱目魚。市場上有無骨虱目魚，我在寧夏夜市吃的虱目魚湯就是無刺的虱目魚湯。

除了魚丸湯，最有特色該是燕丸——肉丸的一種。肉丸較知名的是新竹貢丸跟福州燕丸。福州人說「無燕不成宴，無燕不成年」，燕丸是他們的喜宴菜，稱太平燕。跟其他丸子最大的不同是它以肉包肉，跟餛飩的以皮包肉也不一樣。

看製作方法與食材，就可以得知燕丸得來不易。燕皮需要現宰新鮮豬後腿肉和蕃薯粉，腿肉去筋並稍微冷藏，使之不會過於溫熱，且還具延展性，取出再撒一些蕃薯粉，用木棍敲打不停手，敲成一層透明薄皮。

內餡以豬肉為主，或加一點魚肉，新竹地區習慣用黑鯊魚，因為慣用的豆腐鯊已是保育類動物，或加一點白菜、荸薺，加鹽剁碎。用皮包得像長條形燕子狀。

魚丸湯、肉丸湯，或是餛飩湯，前兩樣是從麵攤變成宴席菜，後者是從餐廳到小麵店。食物的轉換隨料理與風氣而起落。

誰都需要向在地臣服

其實，很多支持者對阿扁臺北市長落選一點都不感到悲苦，這是一個可以提早參加下一次總統大選的契機，讓很多人情緒高昂，莫名興奮。果然，公元兩千年的五二〇，阿扁總統就把虱目魚丸湯跟臺南碗粿端上桌，招待賓客。

這兩樣臺南知名小吃一向互相搭配。我最熟悉的是寧夏夜市靠民生西路轉角的那一家臺南碗粿，現已轉了好幾手不復存在，同樣的招牌在永康街上也有一家。看到二〇〇〇年總統副總統就職國宴，稱作四季宴的菜單，我眼珠子差點沒掉下來。第一道前菜「玫鮭白玉」就是鮭魚、帶子（新鮮干貝），以及鮭魚卵，是不是跟全島海產餐廳的第一道菜一樣，改良式的日式生魚片拼盤，因為臺式海產餐廳通常是鮭魚拼臺灣海域的紅甜、海鱺，或鮪魚；提醒一下，吃臺式生魚片一定要蘸人工製的わさび味（哇沙米，山葵）。接下來上的是虱目丸湯、臺南碗粿，雖然我不太懂國宴大廚的上菜邏輯，但我想一定是阿扁迫不及待要向臺南鄉親交代。

魚丸湯，閩南福建到廣東潮汕一帶的傳統食物，在香港稱作魚蛋，在臺灣幾乎每個縣市都有自己的魚丸湯，臺北舊城區的福州魚丸湯、淡水魚丸湯，臺南的各色魚丸以虱目魚丸最出名，只有以山城聞名的客家三縣市是以豬肉製成的貢丸為主，最為有名的是新竹貢丸湯配肉圓，能與之相匹敵。

全臺灣人都知道馬英九剛嶄露頭角就顯示了他對陳水扁說不清的心結，輪到他的二〇〇八年五二〇就職國宴，第一道湯品「三元及第盅」，取臺南、高雄、屏東海鮮之味，這三色魚丸，分別是海港直送的虱目魚丸、土魠魚丸和花枝丸。花枝丸是屏東、澎湖名產，講究一點的火鍋店，尤其是標榜海鮮特色的店家，一定會有一道招待的澎湖花枝漿，讓客人自己捏成丸子放進鍋中煮。

關於臺灣小吃店的湯品，我一直以為閩南人的黑白切是丸子湯，外省人的麵攤是餛飩湯，而客家人一向少外食，小吃攤有個以豬肉製成的貢丸跟燕丸就很不錯了。所以馬英九不避諱端出跟陳水扁一樣的湯品，只是用料更加豐富且精緻，也是用心良苦。

阿扁的國宴還有「龍騰珠海」、「煙燻龍鱈」，珠是龍珠，也是海產店的炸魷魚嘴跟花生、九層塔過油，撒椒鹽上桌，一道很受歡迎的下酒菜。有時你看到剛下工的男人到小吃店或路邊攤，開冰箱拿一罐臺啤、點一盤龍珠，一坐兩個鐘頭，就是工人下工的身影。至於「煙燻龍鱈」配高粱，聽說是加薪的時候可以加點的菜，只是北海漁場枯竭，聽說真的鱈魚現在不好買，因此觀光夜市賣的是像鱈魚的油魚。

主菜「烤羊小排」，甜品「芋薯鬆糕」、「三元甜粥」，也是臺菜餐廳常見的菜色，這場國宴明明白白昭告社會，主張臺灣人特質的時代來了。

馬英九除了湯品跟他拚了，開胃菜「美樂小品皿」，是臺南關廟的田園鄉雞做成帶皮油雞拼南臺灣的肥鴨烤鴨片，再搭配翠綠蘆筍、紫蘇梅小番茄，典型臺式料理店的拼盤。再簡略一點就是全臺三級以上的縣市每一條街都有的「港式燒臘」，每個小鎮都有一家的「港式榮華燒臘店」最熱門的餐點就是油雞與烤鴨雙拼或三寶飯。識者笑言；馬總統可是在香港出生的呢，這算不算一種鄉愁？

要看馬英九想要討好各方的性格，這兩道最能突破盲腸：「香芋藏珍蝦」是明蝦襯甲仙芋頭、山蘇，以及竹山地瓜，再來主菜「田園烤香雞」中式調味、西式作法，雞塊烤酥，佐美濃的梅干菜襯底搭配粄條，融合閩南、客家料理。睚眥必報的性格與為了要在歷史留名，成了一種墮入地獄的惡夢。

二〇〇八年馬英九把就職國宴搬到高雄漢來飯店。這家南臺灣首屈一指的大飯店，臺菜餐廳的招牌是米糕搭配東港櫻花蝦，是吃傳統臺菜必上的一道讓客人飽足的飯點。「樹子海上鮮」是屏東龍膽石斑魚，這是自李登輝總統之後，臺灣歷任總統必點的一道臺灣之光，歷任執政者因為這項養殖業創造的龐大經濟力，每每拿來說嘴。後來成了外銷中國

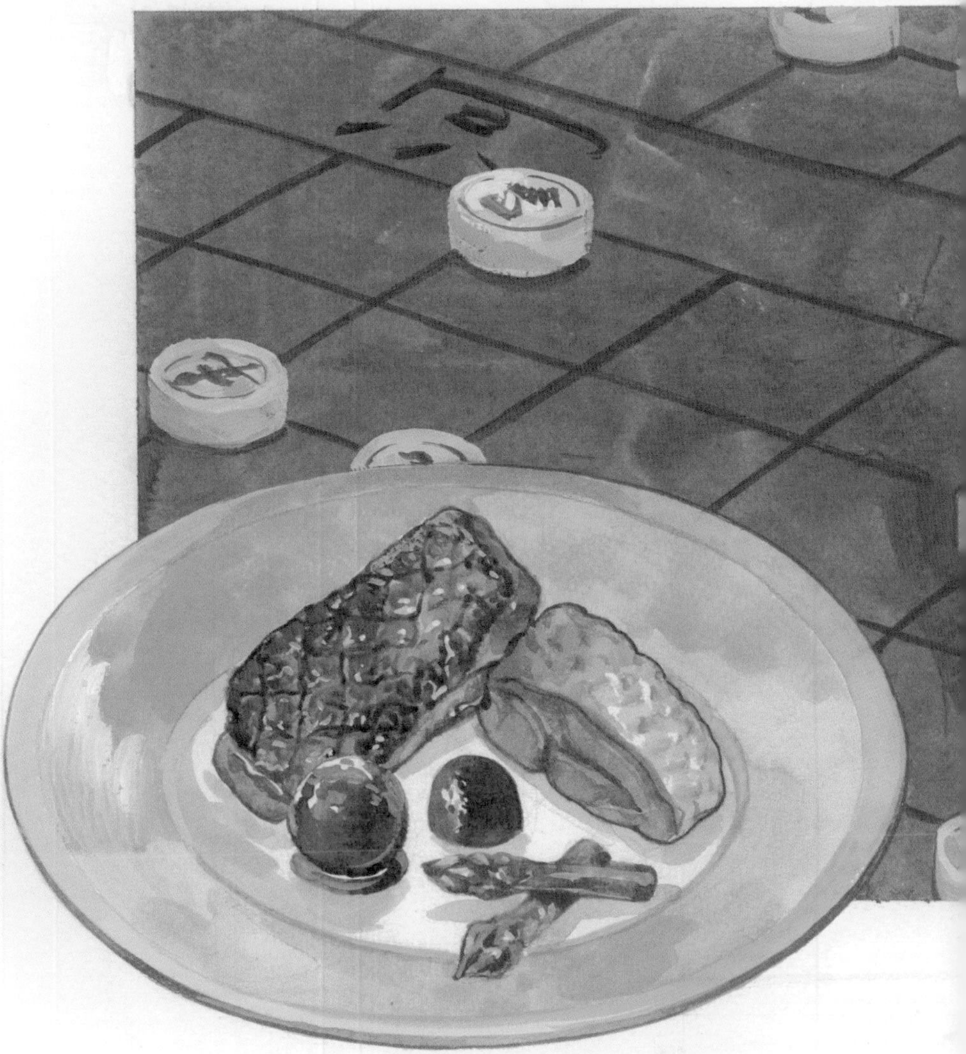

最大量的魚種，也成了對方報復臺灣的武器。

陳水扁的國宴看起來是一種向鄉親展示子弟成功歸故里的邀寵，馬英九跟著做但又花點巧思做得更精緻，更面面俱到，像是要來跟三一九鄉鎮示好，也是一種宣示。莫非那時起他早已經準備好伴手禮，看他的最後一道甜點是「芒果甜品旺來酥」，枋山愛文芒果做成中式布丁，外國旅客最愛的臺灣伴手禮鳳梨酥，內餡包著高樹鄉的鳳梨肉泥混搭車城的鹹鴨蛋，甜鹹兼具。

辦桌和手作重現

這兩位總統的就職國宴吃起來跟臺灣人辦桌差不多，不管是閩南人還是客家人的辦桌，也差不多是這些食材料理，只是作法有些不同，甚至還不如吳新榮娶媳婦，大宴賓客六百人來得豪邁。臺南仕紳一九五八年八月十一日席開六、七十桌的菜單：

一．六色拼盤
二．冷拌雞蝦
三．福喜全肉
四．八寶蝦棗
五．南京全鴨
六．螺肉鮮筍
七．一品海參
八．雞蛋糕花
九 ．鱘底魚翅
十 ．松茸豬肚
十一．蝦仁干貝
十二．三絲炖魚
十三．薑絲粉腸
十四．當歸粉鳥
十五．三色魚圓
十六．杏仁豆腐

這份在他的瑲琅山房和雅園的辦桌菜單，還可以看到魚翅、海參，二十一世紀的總統國宴絕對不敢用的食材。但也有三色魚丸，想必虱目魚丸也在其中吧。看這份菜單最有趣的地方在於結合了日本時代延續下來的宴席菜單與現在辦桌宴席菜單，十六道菜比完席料理十三道還要多三道。若是按照日本時代的上菜法，半席是「雞蛋糕花」，應該就是海

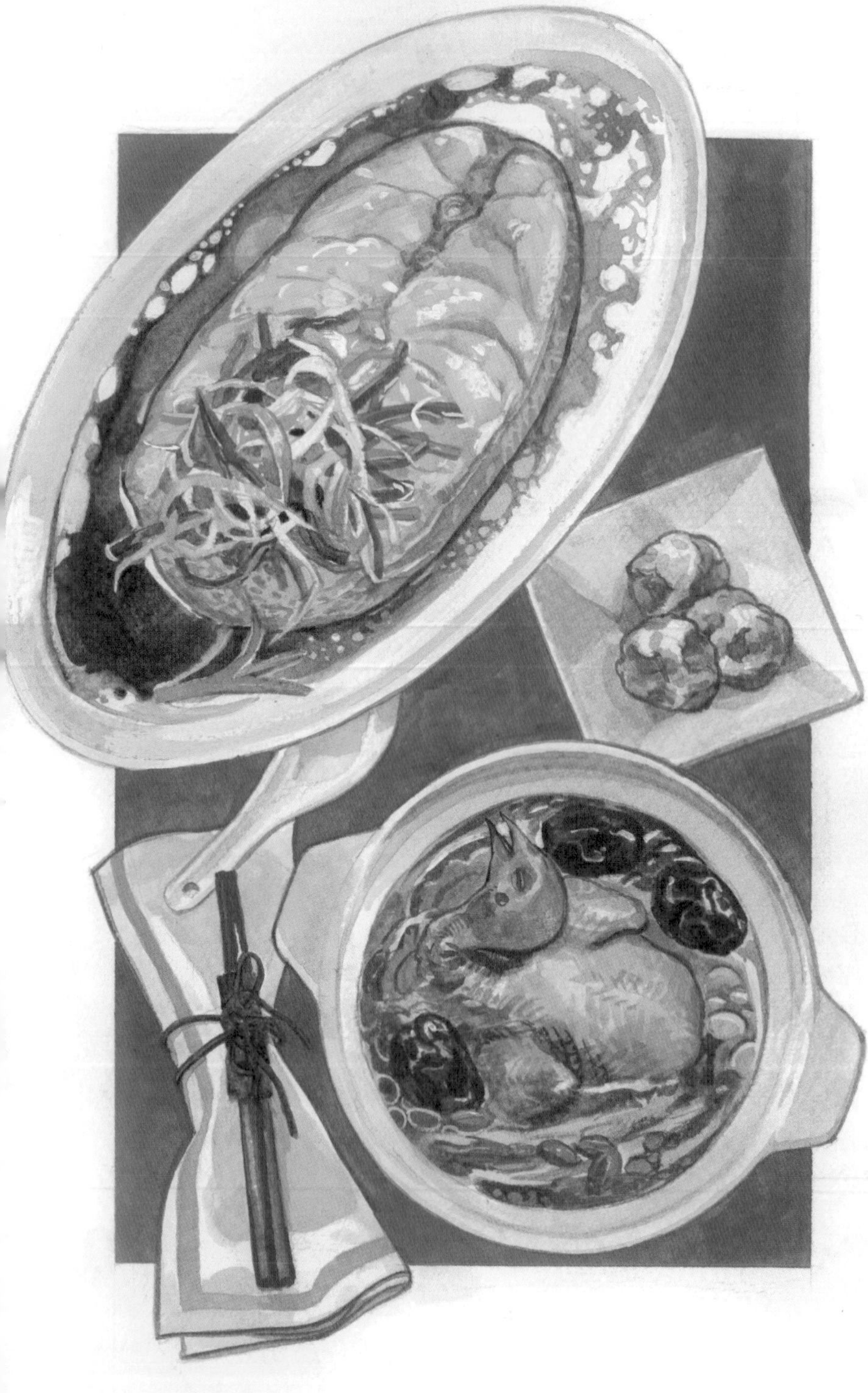

綿或戚風蛋糕，最後一道「杏仁豆腐」跟一九二三年皇太子的完席料理一樣。「蟳底魚翅」、「南京全鴨」、「一品海參」都是大稻埕酒樓的必備菜單，「八寶蝦棗」是現在閩南人辦桌的炸丸子，客家人比較常用肉丸或雞腿棒。「當歸粉鳥」是燉鴿子湯，「三絲炖魚」現在比較喜歡做成「檸檬魚」或「清蒸石斑魚」石斑魚是自李登輝的就職國宴開始，歷任總統必備的一條魚。「薑絲粉腸」在檔案裡寫成「薑絲粉蚧」，我想那是一個錯字，但是閩南人炒粉腸跟客家人「薑絲炒大腸」是一樣的手路菜。

再與一份二〇一八年臺南長庚宴席辦桌為政大書城小老闆辦的婚宴菜單比較，也可以看出風雲流變：

一、**花好月圓慶團圓**，是炸湯圓沾花生粉。

二、**五子登科子孫旺**，有烏魚肚（鰾）、炸花枝、油雞、烤鰻魚、烏魚子。

三、**上尚湯品大排翅**，排翅作為精緻的宴席料理仍然是首選。
四、**煙燻白鯧旺富貴**，這一道白鯧還做了糖醋，就是五柳居。
五、**蒜珠味道小龍蝦**，養殖小龍蝦是目前興盛的養殖水產品項。
六、**唐朝封相一品官**，燉烏參排骨湯。
七、**帝王出遊燴火鍋**，以北海道帝王蟹為主的海鮮鍋。
八、**兩性合婚四季旺**，水果盤，有黑珍珠蓮霧、奇異果、櫻桃、蘋果。
九、**横行雙管有米糧**，閩式紅蟳米糕。
十、**炭烤海未黑鮪魚**，快被捕撈近盡的大型魚類。
十一、**泰式鮮蔬燴鮑魚**，養殖成功的澳洲小鮑魚。
十二、**連子賜寶懷肚湯**，蓮子豬肚湯。
十三、**藍帶高級冰淇淋**，藍莓冰淇淋，也是現今宴席菜從養樂多換成冰淇淋。

這份菜單也是傳承自一九二〇年代臺灣料理的豪華宴席菜單，十三道全席料理，有「翅參鮑肚」，或許在食材的取用稍有變化，有些則更為普及。例如養殖小鮑魚比較容易取得，烏魚肚雖不如大型的魚肚，但也難得。半席料理的水果盤沿襲自酒家菜，但是更豪華闊氣，冰淇淋取代甜湯，更為小孩喜愛。非常精準地傳達了時代性。

臺灣料理研究學者陳玉箴寫過她看到的《蓬萊閣菜譜》的福州料理全席料理，一桌一百二十圓，內容是「四頂菓、四甜點、兩中點、四甜碟、四冷葷、兩甜湯、十大菜。其中置於桌上的小碟共十六盤，大菜之外還有相當於半席料理的『中點』，最後也有甜點或甜湯。」一般的拼盤有四色、六色、八色，這裡的「六色拼盤」也是中規中矩，不失禮數。從這份菜單看來，松茸、鮮筍、蝦、干貝、豬肚，正式宴席菜的食材，都不缺席。

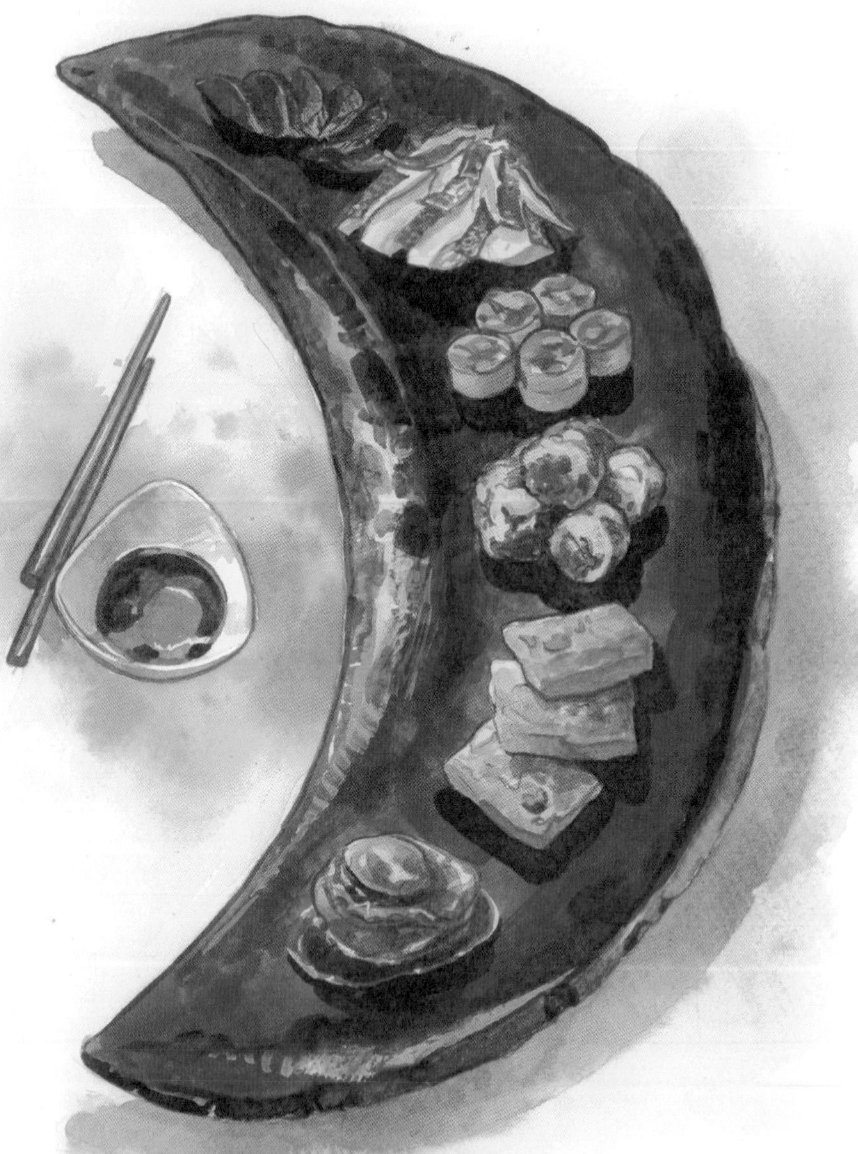

現在的辦桌，喜宴跟廟會，閩南與客家，形制差不多，只在精緻與否，有很精緻的廟會辦桌，也有一般的喜宴請客，但一般來看，閩南人比較多用海產，客家人山產比較多。上面的「冷拌雞蝦」兩種都有，但客家人一定會有「白鏨雞」用桔醬當蘸醬。

辦桌請客菜式多，但自家的家常菜吃好一點，也不遑多讓。吳新榮在一九五六年十月十日的日記有一則：「這一日我送長男南星往臺中車籠埔入營，參加大專畢業生預備士（軍）官的受訓。前一日我們設筵送南星，有雞仔瓜、白熟蟳、西施舌、毛蚶平，這是近來最豐富的家筵。」「雞仔瓜」就是用罐頭花瓜燉雞湯，一道家庭經常用的日常料理。後面三樣是海產類，毛蚶平在應該是蛤，河鮮的貝類，比較小顆的那一種。一九五、六〇年代臺灣的河川尚未污染，隨意的一條水溝或河圳，就可以淘到一盆做一餐。

失去的古早味，與仍舊存在的臺灣味

在公元二〇〇〇年的激情之前，臺灣人剛經歷了一九九九年的九二一大地震。這場災難在全臺灣人的心口劃下一刀，成了無法抹去的傷疤。而我剛到任一年的公司大樓在那場地震中震歪了，是臺北除了倒塌的東興大樓之外，真正的受災戶。印象極深的是，地震那一天全公司的人還是在停水停電中全員到齊，在危樓底下張望上不去的辦公室。一直到兩天之後，不顧警告的爬了十幾樓樓梯到辦公室的眾人，都發覺辦公室怪怪的又說不出所以然來，才驚覺放在門口價值將近一百萬臺幣的兩尊霹靂布袋戲偶「素還真」與「一頁書」不見了。公司剛成立不久的旗下出版社直接名喚「霹靂」，大張旗鼓地要把本土文化製作成精美的書冊。在霹靂布袋戲之前，伴隨全臺灣小孩一起長大的是黃俊雄布袋戲的「黑白郎君」，即使是不看布袋戲的我都會說出，「別人的失敗就是我的快樂啦！」

黑白郎君是怎樣一個角色呢？他是臺灣布袋戲世家黃俊雄所創造的電視劇戲偶人物，名南宮恨，角色設定經過三個時期的演化。最初是布袋戲最有名的角色「雲州大儒俠史艷文」的好朋友，為了爭奪武林祕笈受傷，化為善體黑龍或惡體白狼，成了亦正亦邪的人物。我發現他出場時的開場詩第四首頗有意思：「黑夜穿梭幽靈影，白色骷髏形似馬；郎喚南宮名帶恨，君揚怒眉殺天下。」

那兩位主導臺灣二〇〇〇至二〇一六年，共十六載的總統，倒是與這個角色的兩面相對應，黑白相間，左右搖擺，沒有什麼內在性格，對環境變遷的表面流動緊抓不放，回應時代與人民的做法，難以判斷，隨波逐流。和小吃店的黑白切或滷味一般，隨食材品質穩定或醬料來源精不精細而變化，雖然說是古早味，實際上，在歲月流轉中，早已無這一味。

以氣味、食味的精神來看待臺灣料理，或許可以從這幾樣食材與製作的手法來看，以豬肉、豬油、米、雞肉、雞蛋、漬物、高湯（豬、

雞骨），以及油蔥（爆香）的基礎的料理，如果將這些製作成簡單的一餐，或許就是滷肉飯、麻油雞、菜脯蛋、梅乾扣肉、煎魚、白菜滷、竹筍丸子湯，再加一個時令青菜，就是臺灣人的家常餐桌，也是最能代表並延伸變化的菜單。

寫這本書有個痛苦又愉悅的經驗。每當寫到某個主題的時候，就會想到餐廳試試，甚至自己下廚「料理」。這個狀態讓我很掙扎，覺得自己把太多心力花在「吃」是一件很罪過的事，但是又得到很多的樂趣，飲食料理很能紓解壓力，忘記煩憂。

《料理臺灣》書中的題材最早是從二〇一六年蔡英文總統的五二〇國宴開始發想，因為這一場國宴讓我回頭追尋日本時代裕仁皇太子行啟臺灣的御宴，以「御宴」對照「國宴」，從一九二三年寫到二〇一六年，歷經了兩蔣時代、李登輝總統，以及這個世紀開始的扁、馬兩位總統。

當時只是想找出「臺灣料理」的說法是怎麼來的，以世界行政版圖而言，臺灣是一個很小的國家，但在料理上卻能形成自己獨特的風格並被世界重視，在世界各種關於飲食的比賽上屢屢得到好的成績，給人的印象是這是一個富足而美好的地方，來臺灣「吃東西」已經變成旅行的重點，我想這是一件值得書寫者好好著墨之處。

所以我從國家的概念來架構這一本書，再回頭尋找真正的內涵，於是寫了日本時代奠定「臺灣料理」的過程，這件事讓我非常欣慰又感傷。因臺灣料理一直以來離不開治政與文學的形塑，我說的形塑不只是描述而是有實際的參與。日本時代大稻埕的四大樓「江東春蓬」幾乎可說文學的發源地，也是政治文化啟蒙之地，餐廳的老闆從來不單純是飲食業的經營者而已，他們開啟了一個臺灣主體性的時代，把臺灣當做自己的依託之所。

查資料看到江山樓的經營者吳江山說出「我們臺灣人」的時候，真是感動莫名。他原是從福建到臺灣做生意的生意人，來到臺灣就把這裡當作自己的家，建立自己所屬地方的文化。為什麼他能這麼快的融入與認同，並找到歸屬感，我想必定是這個島嶼的風土條件上佳，讓人好像有尋找到寶地的欣喜。這一點從他的孫子詩人吳瀛濤的作品中處處可見。

飲食文化隨時間遞嬗而變動不居，我輩書寫者只能觀察、紀錄、分享某一個片段與某一個面向。因此，飲食描述必須有大量的個人體驗與經驗，在這個觀點下，這本書自然會有許多私人主觀的記憶與品評，這一點還請讀者多包容。

僅以此書獻給我生長的地方，以及我的家族親友。

料理臺灣

從現代性到在地化，澎湃百年的一桌好菜。

作者：蕭秀琴
繪者：林一先
社長：林宜澐
總編輯：廖志墭
編輯協力：宋元馨、謝佩璇、林韋聿
書籍設計：陳璿安 chenhsuanan.com
設計協力：林翊靜 Lin, Yi-Jing

出版：
蔚藍文化出版股份有限公司
地址：110408 台北市信義區基隆路一段 176 號 5 號樓之 1
電話：02-22431897
臉書：https://www.facebook.com/AZUREPUBLISH/
讀者服務信箱：azurebks@gmail.com

法律顧問：眾律國際法律事務所
著作權律師：范國華律師
電話：02-2759-5585　網站：www.zoomlaw.net

總經銷：
大和書報圖書股份有限公司
地址：24890 新北市新莊區五工五路 2 號
電話：02-8990-2588

印刷：世和印製企業有限公司
定價：臺幣 380 元
初版一刷：2019 年 4 月
再版一刷：2023 年 1 月
ISBN／978-986-96569-8-6

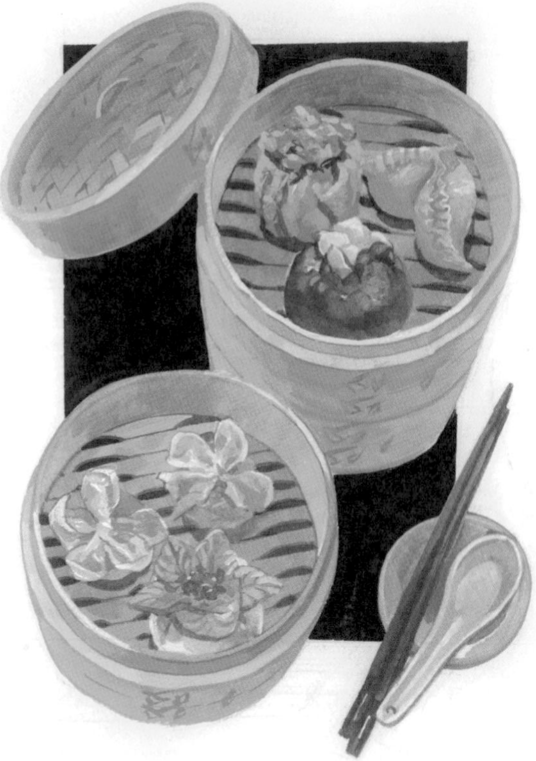

國家圖書館出版品預行編目（CIP）資料

料理臺灣：從現代性到在地化，澎湃百年的一桌好菜／蕭秀琴著．
林一先繪圖 -- 初版 . -- 臺北市：蔚藍文化, 2019.04
面；　公分
ISBN 978-986-96569-8-6（平裝）
1. 飲食風俗 2. 文集 3. 臺灣

538.7833　　108002181